❶北海道の島々

p.8 礼文島
p.12 利尻島
稚内
p.14 天売島
p.84 焼尻島
羽幌
旭川
北海道
根室
釧路
厚岸小島 p.172
p.156 奥尻島
江差
函館
p.54 舳倉島
輪島
金沢
石川県
富山県
福井県
岐阜県
p.178 沖島
❹図参照
名古
愛知
滋賀県
三重県
鳥羽
❶北海道の島々
❷北日本・北陸・東海の島々
❸伊豆諸島・小笠原の島々
❹三河湾・鳥羽の島々
❺日本海・四国・九州の島々
❻瀬戸内海の島々
❼南西諸島の島々
❽南大東島
札幌
仙台
新潟
名古屋
東京
大阪
広島
福岡
高知
鹿児島
那覇

一度は行きたい100の島々

日本百名島の旅

加藤庸二 著

実業之日本社

日本百名島の旅

目次

※各種データは２０１３年4月現在のものです（人口データは２０１３年1月現在のもの）。これらの情報は今後変動する可能性がありますので、お出かけになる際には最新の情報を現地へご確認ください。

一度は行っておきたい島を
改めて振り返ってみたら
100になった――

青く美しい海に点在する小島。箱庭的な景色
の沖縄県・慶良間(けらま)諸島を上空から見る

「これまでに訪れた島の中で、一番いい島ってどこですか？」

日本全国の島々を巡ってきて、いろいろな人から実によく聞かれる質問である。有人島だけでも約430、無人島まで含めると6800以上もの島があるといわれている日本列島で、ここが一番いい島であると決めるのはなかなか難しい。

ただ、あちこちの島へ通ううちに、当然好きになった島もある。それは単に大きさや観光客数の多さ、人気度だけで決められないものだが、これまでに足を運んだ島々のことを振り返り、一生に一度は行っておくべきだと思える島を選んでみると、不思議なことに100前後に絞られるのだ。

そこで「島を旅する」というところに照準を合わせ、どんな気持ち（期待感）や目的で出かけたらいいかを7つのテーマに分け、私ならではの『日本百名島』としてここに紹介した。

あえてお断りしておきたいことは、一部、上陸に制限のある島も取り上げたことである。その理由は、日本の国内にもこんな島があるのだということを広く知ってほしいと思ったからだ。より多くの人に島へ出かけていただき、それぞれの島の魅力をたっぷりと味わっていただければと思っている。

日本列島南北3000キロ——島の魅力は、島の数だけある

ここで大まかに各地方の島々の特徴を記してみよう。

まずは北海道である。北方四島を除くと北海道にある有人島はわずか6島である。旅を楽しむベストシーズンはいうまでもなく春から秋までだが、冬の備えさえしっかりとすれば利尻、礼文、奥尻などは真冬に訪ねてみてもいい。

ただ、冬場の定期船はほかの季節に比べ、大幅に減便することがあるので注意しよう。また季節風の荒天による欠航も多いので、日程には余裕をもって出かけたい。これは北の島々に限らず、ほとんどの島に共通していえることだ。

東北地方の太平洋側の島々は、東日本大震災の被災地となったところが多い。どの島へもほぼ渡れるようにはなったが、しばらくは復興途上にあるため、宿泊する場合は宿と緊密な連絡をとっておくべきだろう。そう遠くないうちに元どおりの活気を取り戻すはずなので、その期待

を込めて島々を見て歩きたい。

　東京から船が出ている伊豆諸島、中京圏の三河湾や伊勢湾の島々、そして瀬戸内海の島々は、都市の近くにあってアクセスしやすい島々である。場所によっては1日で2島ぐらい回れるところもあるので、めいっぱい島歩きを楽しみたいという行動派の人にもいいエリアだ。

　東北から九州北部にかけての日本海は、冬を除けば比較的波も穏やかである。島の数は多くないが、日本海には心落ち着く日本的な風景や独特な文化を残す島が多く、静かな旅を楽しみたい人に向いている場所ともいえるだろう。

　日本で最も島が多い長崎県から、九州西部にかけての島々は、九州本土からのアクセスがよく、また、島々が密集しているので、2、3日かけていくつかの島を巡ってみるのもいい。

　そして国内の島々の中でもとくに人気が高い南西諸島。鹿児島県のトカラ列島や奄美群島、沖縄の島々は美しい海や独特な民俗行事に魅了されて再訪する人々

北海道・厚岸小島の夏の早朝。コンブ漁師が出漁する前から、ウミネコたちは飛翔を始める

が多い。夏から秋にかけてがベストシーズンで、豊年祭をはじめとする祭りや行事、そして抜けるような青空とマリンブルーの海を堪能できるだろう。

日本の島々を知ることは日本という国を知ることに

　日本列島自体、海に囲まれた島である。人はとかく便利な本土に集中するが、同じ国土の中でも、海を越えて出かける島には、本土とはまったく異なる日本が存在する。自然、文化、味わい、流れる時間の感覚など、都会の日常とは大きく異なるものをたくさん発見できるだろう。

　北から南まで、そうした〝発見〟に満ちた島はたくさんある。ただ、島大好き人間の私が、とくに好み、繰り返し訪れたいと願い、そして多くの人に知ってもらいたいと考えるベストセレクションがこの「百名島」である。どうかこの百名島それぞれの違いを楽しみながら、巡り歩いていただければと思う。


（平成二五年五月吉日）

第1章 自然豊かな島

原生林が幾重にも続く、奄美最高峰からの眺望（奄美大島）

北海道

1

礼《れ》文《ぶん》島《とう》

最果てのロマン漂う花の島

1 澄んだ海の岬と書いて澄海岬（すかいみさき）。西海岸ハイキングコースのハイライト
2 西海岸の道筋ではさまざまな花に出合える。青紫の花はチシマフウロ

8時間ハイキングで生まれる連帯感

国内最北の都市・稚内《わっかない》からフェリーで約2時間、オホーツク海にある〝花の島〟、礼文島に到着する。お隣、利尻島の最高地点が1700㍍以上あるのに対し、礼文島は500㍍に満たないなだらかな島だ。

そんな礼文島の自然を丸ごとダイナミックに味わうなら、「愛とロマンの8時間コース」のハイキングにトライしてみるといい。

このコースは島の最北の地・スコトン岬を出発点とし、草原となった丘陵地帯を歩いたり、浜に下りて漁師の家の庭先を通ったりしながら、礼文島の西海岸のうち17㌔ほどを歩

島を楽しむコツ

- 花を見るには6月〜7月に行くべし
- 夏はウニ、秋冬はカジカ・タラが美味
- 勇気を出して、ぜひ桃岩荘に1泊！

DATA

人口2876名／面積81.33㎢／周囲72.0km／最高地点490m（礼文岳）／礼文町役場（代表）☎0163-86-1001

百名島の名物

ウニ丼。6月〜8月に訪れたら必ず味わいたい

6 この先どうなってるの？　8時間コース宇遠内からの一本道

3 レブンシオガマ。6月〜7月ごろに咲く
4 レブンアツモリソウ。島の固有種。6月上旬前後が見ごろ
5 レブンウスユキソウ。エーデルワイスの仲間。6月〜7月に開花

7 島の最北端スコトン岬沖の岩礁では、アザラシの姿もよく見られる

いて踏破するというものだ。

このコースの素晴らしいところは、礼文島自体が高緯度にあるため、平地や丘陵を歩くだけで、本州では2000メートル級の山でしか咲かないような高山植物が見られることだ。レブンコザクラなどが咲く5月から、エゾリンドウが咲く夏の終わりごろまで、順々に咲く花がハイカーを楽しませてくれる。

息がはずむ長時間のハイキングだが、男性、女性、単身もグループも、咲き誇る高山植物の前や、険しくダイナミックな断崖が望めるところでは写真を撮ったり、思い思いに休憩をして楽しみながら終着点をめざす。そして礼文林道・宇遠内口《うえんないぐち》の終着点に着くころには、ともに歩いた仲間は昔からの友達のようになる。この8時間のハイキングを体験、共有した仲間は、都会に戻ってからも思い出話に花を咲かせ、長くおつき合いが続くことが多いといわれる。

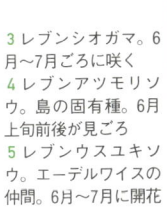

礼文で食べたい漁師めし

北海道で夏の味覚といえばウニ。そして礼文島は、その獲れたてのウニが格別うまい場所としても知られている。しかし、礼文の味覚はウニだけではない。漁師がすばやく作って食べる〝漁師めし〟ともいえる「カジカ汁」も特筆すべき味わいだ。

礼文でのカジカは秋から冬が旬。そのカジカをぶつ切りにして鍋に放り込んで味噌仕立てで作る。味噌の風味と淡白な白身のカジカとその肝、そしてネギなどが絶妙な味のハーモニーを作り出す。鍋を囲んで思い思いに食べたいだけ取って食べるのだが、カジカ食べたさに箸で鍋の底を突くので、カジカ汁の別の名は「ナベツツキ」。それほどにうまいのだ。

これを食べるには、民宿などに泊まる際、予約時に特別注文しておくという手がある。ただし漁で獲れたときに限られる。

唄って踊って夜が更ける

桃岩荘――。知る人ぞ知る礼文の名物宿である。鰊《にしん》番屋の建物を生かして造られた、古色をたたえ趣のあるユースホステル。飲酒は禁止、消灯・起床時間がビシッと決められていて、誰ひとりこの団体生活の規範を乱すことがない、ある種の気持ちよさが感じられる宿である。

ただ、そのまじめな規範とは裏腹に、晩ご飯が終わると宿泊客全員が広間に集まり、そこでバンカラでおもしろいお兄さんたちがギターを持ち、声を張り上げて歌ったり踊ったりと、はじけまくる。そして全員が踊りのるつぼの中に。

引っ込み思案の人にはちょっと腰

8 カジカは礼文島で一年中獲れるが、旬は秋から冬にかけて

9 カジカ汁。魚の見てくれからは想像できないおいしさ

10 桃岩荘を後にする人をお見送り。ここに泊まると一体感が生まれる

11 桃岩荘ユースホステルの夜。歌ったり踊ったりするのがここの伝統

12 香深港から望む利尻富士。展望ポイントは数多くあるが、港からの眺めも美しい
13 礼文島との別れ。また礼文へ帰って来たいと思わせてくれる魅力がこの島にある

が引ける場面もあるかもしれないが、思い切ってその輪の中に飛び込んでみるのも悪くない。しらふでこんなに楽しめるのだという発見がきっとあるだろう。

そして心に沁みるのが、礼文島との別れ。港で桃岩荘のスタッフがフェリーに乗船した宿泊客に向けて、大声で歌いながら最後の踊りを披露して別れを惜しむのだ。こんなちょっと無骨でバンカラな踊りが、短い夏の礼文の風物詩として強く印象に残り、またこの島へ来たくなる人が多いのも頷ける。

アクセス　稚内港からフェリーで約1時間55分～2時間5分で香深港へ。利尻島・鴛泊港からはフェリーで約40分。夏期は香深港と利尻島・沓形港とを結ぶフェリーもあり。

2

利尻《りしり》島《とう》

島まるごとが名峰・利尻富士

北海道

1 利尻山は実に不思議な山である。眺める角度でまったく異なった山に見える

日本百名島の旅
加藤のイチオシ

山の恵みのおすそわけは自然水

稚内《わっかない》の西約40キロの洋上にあり、中央には1721メートルの名峰・利尻山がそびえる島だ。山登りをする人たちにとって、ここは日本百名山の一つ、それも最北の山がある島としても知られる。

利尻山に登ればその特異な自然や、山頂からの大パノラマに圧倒されるほどだが、往復10時間以上ともいわれる登山はなかなか容易ではない。ただ、そこまで登らなくても利尻の自然の息吹を感じられる場所がある。それは利尻山の鴛泊《おしどまり》登山口から20分ほど歩いた3合目。ここには昭和の名水百選の湧水地「甘露泉水《かんろせんすい》」があるのだ。3合目までの道は多少の起伏はあるものの歩きやすく、エゾマツの森林を抜け、鳥のさえずりを聴きながらの山歩きは実に爽快。ほどよく疲れたところに現れるこの泉で思う存分のどを潤すといい。たかが水ではあるのだが、その清冽な水はありがたく、そしてうまい。

一つの山でもさまざまな顔がある

利尻島へ来たら、ぜひとも島を一周してみよう。ほぼ円形の島は一周約65キロで、自転車なら約4時間、バイクなら2時間ほどで回ることができる。どこを走っていても天気が良ければ秀景の利尻山に出合えるのだが、移動するたびに、ギザギザと切

島を楽しむコツ

- 秀麗な利尻山を島内各所で楽しむ
- 最北の地の名水でのどを潤す
- 姫沼とオタトマリ沼の風景美を堪能

DATA

人口5162名／面積182.15㎢／周囲65.1km／最高地点1721m（利尻山）／利尻富士町観光協会☎0163-82-1114、利尻町観光協会☎0163-84-3622

百名島の名物

利尻山の山頂部のみでしか咲かないリシリヒナゲシ

2 利尻山と周囲の原生林を美しく映し出す姫沼。周囲約1kmを歩く散策路がある

5 こんこんと湧く甘露泉水。名峰利尻山によってろ過されたおいしい水である

3 名水・甘露泉水へは、エゾマツやトドマツの中を歩いてたどり着く
4 ドラマティックな落日の光景を見るなら西海岸の沓形に行ってみよう

り立つ勇壮な岩山に見えたり、緑が多い三角錐の女性的な山に見えたり、およそ同じ山とは思えない山容にも驚かされる。とくに島の西側の沓形《くつがた》辺りから望む利尻山は、裾野から山頂部までどっしりとした威容を誇り、風格のある美しい姿をしている。

また、原生林に囲まれた姫沼や、島の南東側にあるオタトマリ沼など、利尻山を背景に雄大な景観が楽しめるところへも、ぜひ足を運んでおきたい。

アクセス 稚内港からフェリーで約1時間40分～1時間50分、鴛泊港へ。夏期は沓形港と礼文島・香深港を結ぶフェリーも。空路は丘珠空港から約1時間。また、夏期のみ新千歳空港とを結ぶ便(約50分)もある。

日本海にある海鳥たちの楽園

3 天《て》売《うり》島《とう》

北海道

1 天売港の背後の高台に建つ天売島灯台。ここからの眺望は素晴らしい
2 赤岩灯台横の斜面にあるウミネコのコロニー（集団繁殖地）。1m四方に3組ぐらいが棲む

島を楽しむコツ

- 海上から島を観察する探勝船に乗船
- 海鳥を学べる海の宇宙館へ
- 夕方からウトウの帰巣を見学する

DATA

人口358名／面積5.50㎢／周囲11.6km／最高地点185m／羽幌町観光協会☎0164-62-6666

百名島の名物

春一番乗りの海鳥はウミネコ。冬でも少数が島で越冬

断崖絶壁でも海鳥には安住の島

北海道北部、羽幌《はぼろ》町の西約28キロにあり、海鳥の島として知られる。繁殖と子育てを行うために飛来する海鳥の総数は8種で約100万羽。一つの島にこれほどの海鳥たちがやって来るところはほかになかなかないだろう。5月から7月にかけて、見上げると空は鳥だらけという圧倒的な数の鳥の世界を見せてくれる。

5月になるとまずウミネコが多く飛来し、島の西側斜面にコロニー（集団繁殖地）を作り始める。そして7月にかけて次々に別の海鳥たちがやって来る。中でも見ておきたいのがウトウの親鳥の帰巣だ。ヒナに

6 天売島のシンボルともいえる赤岩。その名のとおり本来は赤い岩だが、海鳥のフンで白くなっている

3 探勝船で島の西側を巡航すると、鳥たちの鳴き声が近くからよく聞こえて不思議な気分　4 天売島灯台からの下り道で正面に見える焼尻(やぎしり)島

5 数十kmも離れた場所へ飛んで捕らえたヒナのためのエサを、ときおりウミネコに横取りされてしまうこともある

与えるイカナゴをくちばしいっぱいにくわえてとっぷりと暮れた空をバタバタと羽音をたてて帰ってくるのはまさに圧巻。灯台と展望台がある赤岩付近には、それを見学する現地ツアーも出るほど人気のシーンだ。

海鳥の飛来がピークのころは、定期船の到着時間に合わせて海上から海鳥が棲む西側断崖を見学する探勝船が出る。この船に乗り、荒々しい景色と海鳥たちの飛翔を海上から見るというのもまた迫力があっていい。

アクセス　羽幌港から客船で約1時間35分(焼尻島経由)。春から夏にかけては高速船も運航(約1時間5分)。焼尻島からは客船で約25分(高速船で約15分)。

4 伊豆大島《いずおおしま》

地球の活動を体感する島

東京都

1 三原山頂口から見た三原山火口原。荒涼とした景観が火山の島を物語る
2 大木を包んで流れた溶岩が冷えて固まり、木が燃えた跡が空洞になると「溶岩樹型」ができる。伊豆大島火山博物館入口に展示

島を楽しむコツ

- 雄大な火山の景観地・三原山頂口へ
- 火山の歴史の積み重ね・地層切断面
- 大島公園・椿園でツバキの花を観賞

DATA

人口8433名／面積91.05㎢／周囲49.8km／最高地点758m（三原新山）／大島観光協会☎04992-2-2177

百名島の名物

ツバキの島。大島公園の椿園には自生種と、園芸種約8500本がある

都心に最も近い生きた火山の島へ

東京都心から南西約100キロにある伊豆諸島の島。たびたび噴火を繰り返してきた三原山があり、その過去の噴火の爪跡こそ、この島の最大の見どころといえよう。火山活動の凄まじさとそれが造り出す大自然の造形物に間近で触れられる島なのだ。

まず三原山を見るには三原山頂口の展望所へ。昭和61（1986）年の大噴火のときは吹き上がる火柱と火口から流れ出る溶岩が見られたところで、今見ても当時の噴火の痕跡がわかる場所だ。

もう一つ、島の南西部の間伏《まぶし》地区に行くと、道を造った〝切り通し〟

4 筆島海岸と筆島は日本の渚百選の景勝地

5 川端康成『伊豆の踊子』の舞台になった港屋旅館

6 アシタバや魚介などの素材に衣をからめ、揚げて食べる「椿フォンデュ」(写真内右)。椿油の軽い揚がり具合が絶妙

3 天然の椿油が高級な食用油であることは意外に知られていない

7 バウムクーヘンかミルフィーユか。どちらにしても地層切断面はお菓子のような模様をしている

の断面の地層がバウムクーヘン状になったところがある。幾度もの噴火で降り注いだ火山灰などが長い年月を経てできた地層は見事な景観だ。

　また、伊豆大島はツバキの島。都立大島公園の椿園に行くと自生のヤブツバキのほか、珍しい品種も多い。ツバキは見て楽しむ花としてはもちろん、その実は精製されて上質の椿油となり食用や化粧品などに使われる。ちなみにチーズフォンデュのような食べ方で、衣をつけた素材を椿油で揚げて食べる〝椿フォンデュ〟はぜひ食べておきたい大島の味だ。

アクセス　東京・竹芝桟橋から客船で約6時間（曜日によって横浜港に寄港する便もあり）、元町港または岡田港へ。高速船で竹芝桟橋から約1時間45分。空路は、羽田空港から約40分、調布空港から約25分。

日本百名島の旅 加藤のイチオシ

伊豆諸島最大のホワイトサンドビーチ

5 新《にい》島《じま》

東京都

1 見事なホワイトサンドビーチが延々6km以上続く羽伏浦。日の出を見たいときはここだ
2 新島ガラスアートセンターそばに設置された、抗火石を使って作られたモヤイ像。イースター島のモアイ像にならって全部海を向いている

白砂、波、ガラスを育む島の自然

伊豆半島先端の下田から約40キロ、晴れた日には洋上に、二つの台地のような山をもつ島影がよく見える。

新島の自慢は島の東側にある美しい純白のビーチである。ここはただ美しいだけでなく、太平洋の波がビッグウェーブとなる浜でもある。その波を求めて多くのサーファーたちがやって来る。波に挑むのももちろんいいが、きれいな浜に座ってしばしサーフィン見物というのもまた素敵な時間だ。

延々6・5キロもある羽伏浦《はぶしうら》を端から端まで歩くことは無理にお勧めしないが、できれば〝羽伏浦メインゲ

島を楽しむコツ

- 羽伏浦の雄大な海の景色を楽しむ
- 新島ガラス体験教室にチャレンジ
- 眺望最高の湯の浜露天温泉につかる

DATA

人口2425名／面積23.17㎢／周囲41.6km／最高地点432m（宮塚山）／新島観光協会☎04992-5-0001

百名島の名物

ムロアジなどを発酵汁に浸けて干す独特な香りのクサヤ

5 羽伏浦はサーファーのメッカ。夏はもちろん、冬でも海好きがやって来る

3 新島現代ガラスアートミュージアムに展示されたガラス作品
4 新島ガラスの体験教室では自分のにぎりこぶしなどを作る

7 24時間入れる無料の湯の浜露天温泉。随所に抗火石が使われている

6 長栄寺の流人墓地には島の真っ白な砂が敷きつめられている

ート〟から新島灯台のある南端まで「白ママ断崖」を歩いてみたい。ダイナミックな迫力で海にせり出す断崖だが、よく見ると、もろく崩れる断崖の粒子が羽伏浦の真っ白な砂の元であることに気づくだろう。

　新島は地質や地層も独特で、抗火《こうが》石《せき》というガラス質を含む軽石の一種を産出する。この珍しい石を細かく砕いて採った〝新島長石《ちょうせき》〟から作られるのが新島ガラス。その作品は新島ガラスアートセンターなどでも展示され、自分のこぶしの形を新島ガラスで作る体験教室などもあるので、挑戦してみるのもいい。

アクセス　東京・竹芝桟橋から客船で約8時間35分（曜日によって横浜港に寄港する便もあり）。高速船で竹芝桟橋から約3時間15分。空路は、調布空港から新島空港まで約40分。

伊豆諸島で一番の原生の森

6 御《み》蔵《くら》島《しま》

東京都

1 三宅島から見た御蔵島の全景。851mの御山を筆頭に山々が連なる原生林に覆われた島
2 諸島を結ぶアイランドシャトルヘリで飛ぶ。北側斜面の1か所に、家々や役場などが集まっている

巨樹が息づく深き自然の醍醐味

東京都心から南へ約１８０キロ、黒潮が流れる洋上にある切り立った断崖の島。野生のイルカが棲む島としても知られるが、島全体を覆う手つかずの森も見逃せない。ツゲをはじめスダジイ、クワなどで構成される深い森は、とても東京都とは思えない自然が残されている。

御蔵島の森へ入るには、あらかじめ観光協会を通して、山と自然の案内人を頼むことが必須となる。雨や霧が多く、道に迷いやすいこの島でも、動植物の種類や特性などの解説を聞きながら、的確に見どころへ連れていってもらえるので安心だ。

島を楽しむコツ

- 平らな道はないので運動靴か山靴
- 原生林でスダジイなどの巨樹を見る
- ニオイエビネランの花はGWが見ごろ

DATA

人口317名／面積20.58㎢／周囲16.4km／最高地点851m（御山）／御蔵島観光協会☎04994-8-2022

百名島の名物

ツゲを使い作るこけしは御蔵島の代表的工芸品

6 案内人とともに原生林の中を歩く。暖かい海の影響で天候によっては霧が発生し、幻想的な森となる

3 御蔵島の総鎮守である稲根神社。幕末に近海で遭難したアメリカの帆船・バイキング号の錨が鳥居の横にある
4 原生林の中で見つけた圧倒的な巨樹のスダジイ

5 家々を結ぶ道路が縦横無尽にあるのは集落内のみ。集落を出るとほぼ一本道だが、島一周は通じていない

案内人に車で送迎してもらえるなら、島の南西部にある「えびね公園」までは集落から約20分。御蔵島原産のランの仲間、ニオイエビネの花期（例年4月下旬ごろ）には、この公園でかぐわしい香りと希少な花を観賞できる。また島内には、幹まわりが5メートルを超す巨樹も多く、その姿をまのあたりにすると圧倒的な存在感にただただ見惚れてしまうはずだ。この島の醍醐味は、原生の森の中で、巨樹と出合えるところにあるのかもしれない。

アクセス 東京・竹芝桟橋から客船で約7時間40分。空路は、ヘリコミューター・東京愛らんどシャトルで八丈島から約25分、三宅島からは約10分。

東京都

7

八《はち》丈《じょう》島《じま》

黒潮の真っただ中にある島

1 八丈富士山頂からの眺望。島の中央部が平地になっていて、役場や空港をはじめ人家も集中している　2 島内の草木を使い染め上げられた絹糸で織られる黄八丈。これは染色作業の工程途中

二つの火山からなる島の魅力を体感

東京都心から南へ約280キロ、まさに黒潮の中にある、ひょうたん形の島。その暖流のおかげで島の気温は年間を通して暖かく、飛行機や船から島に降り立つと外気温や空気が明らかに本土とは違うと感じられる。春の訪れも早く、3月にはフリージア畑が満開となり、あたり一面が春一色となる。

八丈島は〝まるごと自然博物館〟ともいわれるほど特異な自然が息づいている。とくに島の北半分を構成している最高峰・八丈富士にはぜひ登ってほしい。途中1300段ほどの階段を約1時間かけて登る〝試練〟

島を楽しむコツ

- 素晴らしい眺望の八丈富士に軽登山
- 三原山にある滝、沼、植物を探勝
- 大里の見事な玉石垣の集落を散策

DATA

人口8229名／面積69.52㎢／周囲51.3km／最高地点854m(八丈富士)／八丈島観光協会☎04996-2-1377

百名島の名物

島ずしのネタはしょうゆの“漬け”

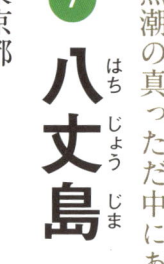

6 八丈富士の麓、大賀郷のフリージア畑。八丈島では、海でトビウオ漁が始まり、陸でフリージアの咲く3月が春の盛り

3 八丈富士の山頂。火口をぐるりと歩いて回る「お鉢めぐり」の出発点。右手斜め下へ向かうと浅間神社がある

4 八丈島の切り花園芸種として知られているストレチア。和名は極楽鳥花　5 大里集落の玉石垣。島の荒磯から均一の大きさの玉石を運び、積み上げて作った石垣だ

もあるが、秋ならばハチジョウアザミなどを見て楽しめ、また854メートルの山頂からは、ブルーの大海原を一望できて爽快そのものだ。

一方、島の南側にあるのが三原山（701メートル）で、亜熱帯植物のヘゴなどが生い茂る中、滝や沼を巡る登山コースもある。それら山の自然を堪能した後は、島の南部にある温泉で汗を流したり、溶岩流が固まってできた南原千畳岩海岸などを訪ねてみよう。火山の島ならではの自然を、さまざまな形で体感できるだろう。

アクセス　東京・竹芝桟橋から客船で約11時間、底土(そこど)港または八重根(やえね)港へ。空路は、羽田空港から約55分。

クジラがやって来る世界遺産の島

8 父島《ちちじま》

東京都

1 ザトウクジラのモニュメントがある二見港に停泊中の定期船「おがさわら丸」
2 島の南西部、中山峠からの南国風景。コペペ海岸（右）と野羊山（左上）が見える

島を楽しむコツ

- 12月〜5月がクジラ回遊のシーズン
- 夕日、クジラ、星の観察は三日月山
- 宮之浜でスノーケリングの魚観察

DATA

人口2091名／面積23.80㎢／周囲52.0km／最高地点326m（中央山付近）／小笠原村観光協会☎04998-2-2587

百名島の名物

伴走しておがさわら丸を見送る地元の小型船の風景

動物と出合える海の感動は大きい

東京竹芝から南へ約1000キロ、太平洋上にある大小30島からなる小笠原諸島の主島が父島である。旅行で行く場合の定期船としては「おがさわら丸」が一般的で、25時間30分かけて海を渡ることになる。

沖縄諸島とほぼ同じ緯度にあり、大きな葉を涼しげに風になびかせるオガサワラビロウなど独特な亜熱帯植物の自然風景を見せる島である。

12月から5月にかけて島の周囲では回遊するザトウクジラの姿を見ることができる。専用のクジラ観察船に乗れば、間近に現れて潮を吹く生々しい息づかいや、ジャンプして

5 純白の砂浜・ジョンビーチは陸路よりボートで行くほうが早い

3 戦時中の沈船が残る境浦はスノーケリングのポイント　4 島の周りは断崖が多い。南部、饅頭岬付近の険しい地形

7 目の前を横切るシマアジの群れ

6 植物のようなオオイソバナとシラコダイの群泳

水しぶきを上げる音や光景をまのあたりにできる。もし船が苦手という場合でも、双眼鏡を持ってぜひ三日月山展望台に登ってみるといい。雄大な海原を悠々と泳ぐクジラの感動的な姿がとらえられるだろう。

中心部の二見港から北側へ約1キロの宮之浜海岸は、海遊びに絶好のポイント。浜から泳ぎ出てスノーケリングで海面移動しているだけで、ブダイやトビエイ、色とりどりのサンゴなど海中の生物を観察できる。父島ではぜひ海に入り、カラフルな魚たちを見て楽しみたい。

アクセス　東京・竹芝桟橋から貨客船・おがさわら丸で約25時間30分で二見港へ。繁忙期（年末年始・GW・お盆）以外は約6日に1便。

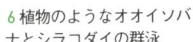

秘境小笠原の原始の森

9

母《はは》島《じま》

東京都

1 石門崎一帯は森林生態系保護地域で、鬱蒼と茂る木々の中は薄暗い
2 明治時代に母島の開拓に尽力したドイツ人、ロース・ラルフ氏を記念するロース記念館

島を楽しむコツ

- 原始の森・石門はガイドと共に行く
- 小剣先山展望台から港や集落を一望
- 静寂の北部廃村、北村を訪ねる

DATA

人口484名／面積20.21㎢／周囲58.0km／最高地点463m（乳房山）／小笠原母島観光協会☎04998-3-2300

百名島の名物

ウミガメの煮込みは獲れたときだけ料理される珍味

石門の大自然と繁栄の遺構をたどる

父島の南約50キロ、鬱蒼と茂る植物群に覆われた、緑濃い島である。

手つかずの自然が残る母島の中でも、とりわけその最深部ともいえるのが、島の北東部にある石門《せきもん》だ。ここは現地ガイドの同行がないと入山できないエリアで、ツアーでも約7時間かけて山の中を歩き回るコース。蒸し暑いジャングルの中でノヤシ、シマホルトノキ、マルハチ（ヘゴ）など固有種の木々を見上げると、海と森が造り出す霧も相まって、ジュラシックパークの世界に紛れ込んだような錯覚を起こす。そして、ツアーガイドの解説を聞きながら島独特

3 母島の北部にある鬼岩は、ザトウクジラの回遊がよく観察できる場所として知られる
4 旧北村の桟橋があった北港

6 北部の西海岸線は穏やかな砂浜ではなく、荒磯というべき断崖が続く

日本百名島の旅
加藤のイチオシ

5 沖港に停泊する「ははじま丸」。後方の山の上に小剣先山展望台がある（右上端）

の動植物を観察すると、自分では気づかなかった新たな発見ができてなかなか興味深いのだ。

島の北部にある東港と旧北村（北港）へも足を延ばしてみよう。ここは大正末期から昭和20年代ごろまで捕鯨で活況を見せていた場所。今は廃村だが、壊れかけた桟橋や朽ちた船の係留ロープなどが浜辺に残り、昔日を物語るかのようである。

母島には一つ居心地のよい展望台がある。船が着く沖港の裏山・小剣《しょうけん》先山《さきやま》の頂上だ。港と集落を箱庭のように一望できて、いつまでものんびり眺めていたくなる場所なのだ。

アクセス　父島・二見港から貨客船・ははじま丸で約2時間10分、沖港へ。

島根県

10

西《にし》ノ《の》島《しま》

国内有数の迫力を誇る断崖の島

1 国賀海岸の奇岩の代表格はアーチ橋の形をした「通天橋」
2 遊覧船で海上から通天橋を通過中
3 赤尾展望台付近で遊ぶ放牧中の馬たち。のどかな光景だ

岩の造形美と太古の地質を体感

島根半島の北約60キロにある、隠岐《おき》諸島で2番目に大きな島。隠岐全体が火山からなる島々で、その学術的価値の保全と観光促進から、日本の「ジオパーク（大地の公園）」の一つに指定された島である。中でも西ノ島の自然景観は別格で、島の北西側の国賀《くにが》海岸には火山活動が作り出した奇岩や断崖の迫力ある景観が続く。

まずは遊覧船に乗り、摩天崖《まてんがい》へと向かう。高さ257メートルの垂直に切り立つ絶壁は、頭上に覆いかぶさるようで圧倒的な迫力である。遊覧船はさらに通天橋《つうてんきょう》、国賀浜などといった奇岩が続くポイントを巡る。火山を

島を楽しむコツ

- 島の真ん中にあるミニ運河を通る
- 遊覧船で国賀海岸の摩天崖を探勝
- 航海安全の神を祭る焼火神社に参拝

DATA

人口3155名／面積55.79㎢／周囲116.5km／最高地点452m（焼火山）／西ノ島町観光協会☎08514-7-8888

百名島の名物

ブリどんぶり。漬けのブリをのせ熱いだしをかける

7 摩天崖は山を真ん中から垂直に断ち割ったような形の絶壁。250mを超える高さは圧倒的

4 近海ではイカ漁が盛ん。集魚灯を点けて煌々と海面を照らしながら漁を行う

8 国賀浜は陸からも行くことができる。中央が観音岩、右がローソク岩

5 航海の守護神を祀る焼火神社は全国の海運業者から信仰されている　6 船1隻が通る幅の船引運河を航行する遊覧船

思わせる色合いの岩や自然の造形美に心を奪われる。そして下船後に同じ場所を陸上からたどってみると、洋上から見た荒々しさと対照的に、草原地帯に牛馬が放牧されているのどかな光景が広がり、西ノ島の奥深さを感じるだろう。

島の南部の焼火《たくひ》山には、航海安全の神を祭る焼火神社がある。かつては全国の船乗りたちが参詣にやって来たといわれ、裏山の岩窟に食い込む本殿の屋根の造りが珍しい。

アクセス　島根県・七類(しちるい)港から知夫里島経由のフェリーで約3時間5分、西ノ島・別府港へ。鳥取県・境港からのフェリーもあり。寄港地や所要時間など季節によって変更の可能性あり。

牧歌的風景と野ダイコンが彩る島

11

知《ち》夫《ぶ》里《り》島《じま》

島根県

1 アカハゲ山の山頂からは知夫里島の全体はもちろん、島前(どうぜん)の島々と内海風景が眼下に広がる 2 西日が当たるとさらに色合いの変化が美しい赤壁。チャーター船で海上からも観賞できる

のどかさと大断崖の雄大さを実感

島根半島から約50キロ、隠岐《おき》諸島の中では最も本土に近い島である。

島に着いたら、まずは島の最高地点である、標高325メートルのアカハゲ山へ行ってみよう。山頂までは車で行けるのだが、ここでいきなり知夫里島の洗礼を受けることがある。それは、放牧された牛たちが道の真ん中で休んでいて、そんなとき車はしばし停車して待たなければいけないということ。でも、そんなのどかさがたまらなくいい。

4月中旬ごろになると山頂付近一帯には、野ダイコンの花が咲き乱れる。知夫里島の春の象徴ともいえる

島を楽しむコツ

- パノラマ景観はアカハゲ山山頂へ
- 野ダイコンの花は4月中旬～5月上旬
- 200mの断崖「赤壁」を間近で見る

DATA

人口596名／面積13.01㎢／周囲50.8km／最高地点325m（アカハゲ山）／知夫里島観光協会☎08514-8-2272

百名島の名物

なめみそ。小麦と大豆の、おかずにもなる万能調味料

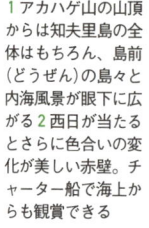

6 春爛漫、GWのころアカハゲ山斜面に咲く美しい野ダイコンの花

日本百名島の旅 加藤のイチオシ

3 海を泳ぐ牛。牧草のある隣の島まで数百mの海を牛たちに泳いで渡らせる

4 ゆっくり車を動かせば牛も移動していく。徒歩でも静かに通れば大丈夫　5 夜の水平線にはイカ釣り船の漁火が煌々と輝く

美しく見事な景観で、淡いピンクの花が密集する斜面は木々の陰まで明るく照らし出すほどまぶしい。そして山頂の展望台に上り、山の斜面で牛が草を食む光景を眺めるのもまたいいものだ。

アカハゲ山展望台から約2・5キロほど下ると、200メートルの垂直断崖で赤茶色の岩盤模様が見事な「赤壁《せきへき》」が見られる。太古に形成された火山跡の絶景が見られるのもこの島の魅力だ。

アクセス　島根県・七類(しちるい)港からフェリーで約2時間、知夫里島・来居(くりい)港へ。寄港地や所要時間など季節によって変更の可能性あり。

太古から息づく森と大杉の島

12

屋《や》久《く》島《しま》

鹿児島県

1

2

1 宮之浦沖から島の中央部にそびえる山々を見る。このような快晴は年間を通して極めて少ない
2 平内海中温泉は荒磯にある開放的な湯。日中の露天で落ち着かない場合は、夕方や夜になれば心おきなく入れる

満天の星を眺めて野天温泉に入る

九州本土の最南端、佐多岬から南約60キロにあり、太古からの森が息づく山深い島である。

島に着いたらいきなり山に入らず、周囲約130キロある島をレンタカーで一周してみよう。まず見ておきたいのは、島の南東部にある千尋《せんぴろ》の滝。巨大でなめらかな一枚岩の山肌から豪快に水を落とす滝の景観は、絵画的な素晴らしさである。

そしてもう一か所は島の南端にある平内《ひらうち》海中温泉だ。潮が引くと磯に湯船が現れる温泉である。海水が混ざり潮風呂に近い入り心地で、出た後は体がいつまでも温かい。夜の干

島を楽しむコツ

- 海中温泉と島の味覚を堪能しよう
- 白谷雲水峡で森と水の豊かさに感動
- なんといっても縄文杉登山に挑戦！

DATA

人口13487名／面積504.86㎢／周囲126.7km／最高地点1936m（宮之浦岳）／屋久島観光協会☎0997-49-4010

百名島の名物

首折れサバは屋久島の代表的な味覚。これはそのあえもの

4 野鳥のミソサザイのさえずりがよく聞ける照葉樹の苔むした森

3 安房港にある屋久杉の貯木場。現在は土埋木（どまいぼく。古い切り株や倒木のこと）が出荷される

日本百名島の旅 加藤のイチオシ

6 ヤクシカは静かに見ているだけなら逃げない

5 巨大な岩盤を伝って水を落とす落差約60mの千尋の滝

潮時に入れば、満天の星を仰ぎつつ野趣あふれる温泉が楽しめる。

渓谷で出合うシカやサル

宮之浦岳《みやのうらだけ》（1936メートル）と永田岳《ながただけ》（1886メートル）の鞍部を源とする宮之浦川の支流、白谷川が造り出す渓谷「白谷雲水峡《しらたにうんすいきょう》」はハイキングの手軽さで屋久杉の森を堪能できる。歩き始めてから10分たらずの場所で、ピューという高い声で鳴くヤクシカや、小さな群れで遊ぶヤクザルの姿が見られることも。また周囲の苔むした森は、みずみずしく緑鮮やかな世界が広がっていて実に美しい。

　樹齢3000年といわれる弥生《やよい》杉は、管理棟のある白谷雲水峡の入口から1時間コースで見て回ることができる。モミ、ウラジロガシなどが生い茂る森を歩き、息が少しはずんだところで目の前に弥生杉が現れる。その場の植物の中でも群を抜いて風格を感じる巨木である。

7 登山路に設置されている環境保全のトイレ　8 トロッコ軌道を歩く　9 杉の新芽。大きくなると屋久杉に　10 堂々たる風格の縄文杉。幹まわり約16m、樹高約25m

太古の縄文の森を歩く

多くの人々が屋久島に期待してやって来る理由の一つは、縄文杉をひと目見たいからだろう。推定樹齢2170年〜7200年といわれる気の遠くなるような年月を生きてきたこの杉の王者を、屋久島へ来たからにはぜひ見たいものである。往復約10時間ほどの道のりになるが、体力に自信がある人はチャレンジしてみよう。

縄文杉への一般的なルートは、荒川登山口を早朝に出発し、まずはトロッコ軌道を歩く。その後、大株歩道入口からやや急峻な森の中への本格的な登山道となる。きつい斜面にはしっかりとした木の階段が付けられているので歩きやすい。

歩き始めておよそ3時間で巨大な屋久杉の切り株「ウィルソン株」に到着する。中に入ると森のすがすがしい香りが充満している。伐採されて数百年が経つこの切り株の中から太古の森を見上げると、切り株に落ちた種から芽を出して育った新しい杉が空に向かって伸び、造形的で不思議な光景が広がる。

ここから縄文杉まではおよそ1時間30分。汗を拭き拭きたどり着き展望台に立てば、森の中に鎮座するその神々しいまでの姿にきっと感激することだろう。

アクセス	鹿児島本港・種子・屋久高速船旅客ターミナルから高速船で最短約1時間45分で宮之浦港へ、または種子島経由の約2時間30分で安房港へ。ほかにフェリー便もあり。空路は、鹿児島空港から約35分。

米国の植物学者ウィルソン博士が発見したところから名付けられた、屋久杉の巨大切り株「ウィルソン株」の内部

13

中《なか》之《の》島《しま》

洋上から望むトカラ富士が秀麗

鹿児島県

1

2

1 まさに島々を伝いながら航海していく定期船。ひときわ美しい山の姿が見えたらそこは中之島である　2 山間で静かに水をたたえる御池。物音といえば、たまに静寂を破るように鳥の鳴き声が聞こえるぐらいだ

島を楽しむコツ

- 標高979mの御岳登山に挑戦！
- 東温泉と西温泉を〝はしご湯〟
- 十島村歴史民俗資料館は必見

DATA

人口136名／面積34.47㎢／周囲31.80km／最高地点979m（御岳）／十島村役場☎099-222-2101（代表）、中之島出張所09912-2-2101

百名島の名物

日本在来種のトカラ馬は鹿児島県指定の天然記念物

山からの雄大な景観と温泉の醍醐味

薩摩半島から南へ約160キロ、鹿児島県の南西洋上に点在するトカラ列島の中心となる島である。島の北側にはトカラ富士と呼ばれる御岳《おたけ》（979メートル）がそびえ、山の東側には激しく水蒸気を上げ続ける噴気口があり、活火山の島であることを感じさせられる。

中之島へ来たらこの御岳に登り、山頂からトカラ随一の眺望を堪能したい。眼下に港や集落をとらえ、遠く洋上には諏訪之瀬島《すわのせじま》などトカラの島々の島影が続く光景は実に素晴らしい。そして火口から上がる蒸気を眺め、活火山の胎動を体で感じとっ

6 島の東側に回りこんで活火山の御岳を見上げると、木々が生えていない山肌からもうもうと水蒸気が上がる場所が見える

3 十島村歴史民俗資料館はトカラの歴史と暮らし、文化などが詳細に紹介され、展示物も興味深いものが多い

7 大型の「フェリーとしま」が就航して定期航路ダイヤは安定したが、30年前には台風で20日も船が欠航になったことがあった

4 桟橋から歩いて約5分。海辺にある西温泉は硫黄泉で源泉は71度　5 西温泉から200m離れてある東温泉も海辺の湯。硫黄泉で白濁が濃く、源泉は67度

てみるのもいい。宿泊先で登山口までの送迎を頼む場合、集落から8合目までは車で約30分。そこから頂上まで約20分の登山だ。ちなみに下山は徒歩で約2時間かかる。

　また、島の東には湿生植物が自生する御池《おいけ》がある。ここは火山島のイメージと異なり、緑深い山の中の静かな湖という雰囲気だ。大自然を満喫する旅の仕上げは火山の恩恵である島の温泉へ。じっくり湯につかり、島の人とも話をしてみよう。

アクセス　鹿児島本港南埠頭からフェリーとしま（週2便）で約7時間5分。奄美大島・名瀬港からは約8時間15分。

14

自然の〝濃さ〟を体感できる島

奄《あま》美《み》大《おお》島《しま》

鹿児島県

1

2

1 白砂とサンゴ礁の海が美しい北部の笠利にある用安（ようあん）ビーチ　2 奄美パークにある「奄美の郷」では、島の歴史、民俗、文化をわかりやすく展示している

奄美の自然に身体を溶け込ませる

鹿児島の大隅半島から南西300キロにある奄美群島の中心となる島。小笠原や西表島などと並び、島全体が亜熱帯性のジャングル（密林）に覆われた国内では数少ない島の一つである。そんなジャングルがあるにもかかわらず、5万8000人もの人が暮らす島である。

この島の最大の魅力は、何といっても野生的な大自然だろう。それは自分の身体を動かして感じとることが一番である。そこでお勧めしたいのが「マングローブの森探検」だ。

島の南部にある住用川《すみようがわ》の河口部には、70ヘクタールを超えるマングローブの森

島を楽しむコツ

- カヌーでマングローブの森を楽しむ
- 原生林の中ではとくにハブに注意
- 島野菜や鶏飯など奄美の恵みを食す

DATA

人口58492名／面積712.21㎢／周囲461.0km／最高地点694m（湯湾岳）／奄美大島観光物産協会☎0997-53-3240

百名島の名物

鶏飯（けいはん）。ほぐした鶏肉や錦糸卵など具をのせ、鶏だしをかける

6 南部の瀬戸内町油井（ゆい）で旧暦8月15日に行われる油井豊年踊り。わずかな平地で稲作を行ってきた農耕儀礼を色濃く残す島独特の祭りで、踊りの中で稲作の過程が演じられるのが珍しい

3 島野菜の無人売店。野菜作りの盛んな島で夏はスイカも並ぶ　4 島で飼育する新鮮な地鶏は刺身にされ、しょうゆで食べる。ほとんどの鶏飯の店で提供されている

5 島の昔の暮らしを再現して見せてくれる奄美民俗村。かまど料理の体験などもできる

が広がる。マングローブとは特定の木の名前ではなく、オヒルギやメヒルギといった樹木の総称。それらの木々の枝に覆われたトンネルの下を、カヌーに乗って自分でパドルを動かしながら細い川をゆっくりと進み、約1時間ほどかけて森の中を探検するのだ。カヌーが未体験の人でも、出発前にパドルの漕ぎ方を教わり森のレクチャーを受けた後、ガイドの指示に従いながら操船するので、心配をすることはないだろう。

そして、カヌーに座った水面の位置から見上げると、川面とマングローブの森と自分が一体となる感じで心地いい。奄美ならではの自然に溶け込む感じがして、とても新鮮な体験となるだろう。

“奄美ならでは”を探して58号を走る

北部にある空港から南部の瀬戸内町まで、国道58号を車で走ると島野菜などを販売する無人の店が多いこ

8 島の南部・住用のマングローブ群生地

7 大和村にある落差12mのマテリアの滝

9 10 水深50cmほどのマングローブ地帯をカヌーに乗ってパドルで漕ぎながら移動して楽しむ。マングローブの根元まで間近に見える

11 東大医科学研究所附属の奄美病害動物研究施設で保存されているハブの牙

とに気づく。もしそういう売店を見つけたらのぞいてみよう。野菜の持ち帰りは難しくても、すぐ食べられるミカンやマンゴー（摘果した小さなもの）、餅菓子などが並んでいることもあり、安くて思わぬ味わいに出合える。

その国道58号の朝戸トンネル付近から山道に入り、悪路を30分ほど走ると、周囲は鬱蒼としたヒカゲヘゴの原生林となる。つる性植物やシダ類、タブノキ、イタジイなど亜熱帯植物が生い茂り日中でも薄暗い。ここが金作原《きんさくばる》原生林である。特別に地名表示板が出ているわけではないので〝この植物群は見事だ〟と思って車を停めたところがその原生林の見どころの中心といえる。小ぶりなヒカゲヘゴは国内でもほかに見られる場所はあるが、ここのものは圧倒的な大きさである。歩くときはとくにハブに注意し、道路以外のヤブなどには絶対に立ち入らないことだ。

12 金作原原生林のヒカゲヘゴは樹高が高く、見上げると森を抜けたはるか上方で葉を広げている

13 湯湾岳山頂付近から照葉樹林の山々を見る。奄美大島は山深いことがよくわかる

また、車でないと行くことができないが、宇検村《うけんそん》にある標高６９４《メートル》の湯湾岳《ゆわんだけ》にもぜひ立ち寄っておきたい。この山は奄美群島の最高峰で、山頂手前の展望台からは照葉樹林に覆われた連山を一望できる希少な場所である。ここから見る森の中には、生きた化石ともいわれる特別天然記念物のアマミノクロウサギなどが生息していると思うと、とても感慨深いものである。

アクセス　鹿児島新港からフェリーで約11時間など。空路は、鹿児島空港から約1時間5分、東京・羽田空港からの直行便で約2時間20分など。

多島海とサンゴ礁に魅せられる島

15

座《ざ》間《ま》味《み》島《じま》

沖縄県

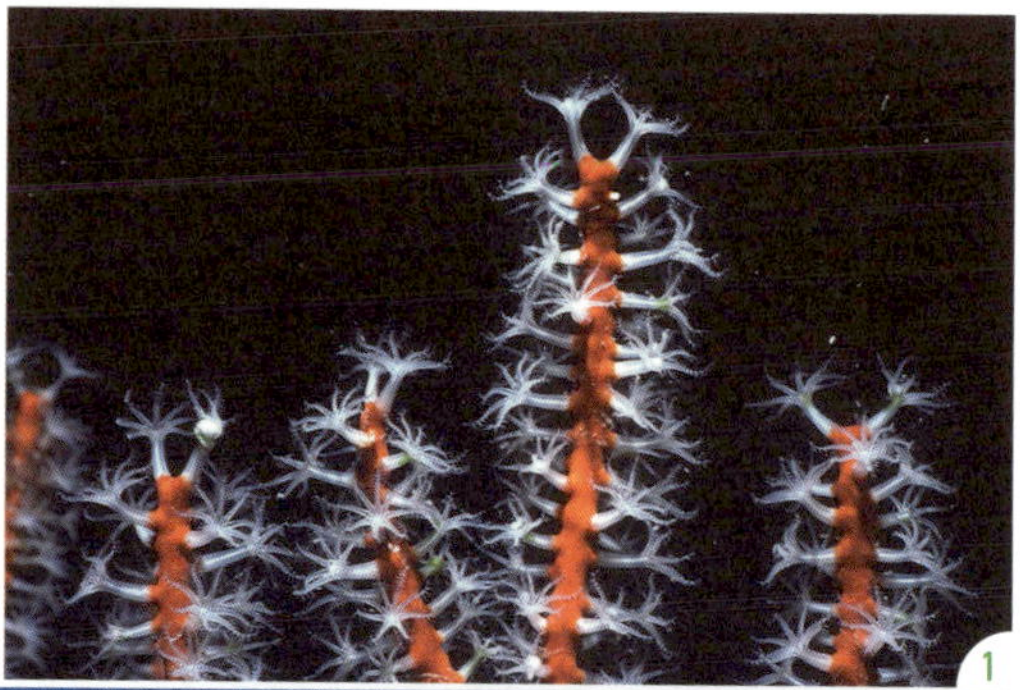

日本百名島の旅 加藤のイチオシ

1 まるで花のように美しいが、これは花ではなくオオイソバナという腔腸動物の一種。花に見える部分はポリープ 2 エダサンゴの丘を越えてダイバーは白砂の庭園に。起伏に富んだ海底だ

魚も景観も楽しめる〝座間味の海〟

那覇から高速船で約50分、世界有数のサンゴ礁の海を堪能できる座間味島へ到着。

座間味島を含む慶良間《けらま》諸島は、〝沖縄の瀬戸内海〟などといわれることもあり、波静かな内海には無人島が点在している。この海域にはとくに美しいサンゴ礁が広がり、ノコギリダイやカラフルなチョウチョウウオなどが同じ場所に棲みついているため、いつ潜ってもこれらの魚のいる海を楽しむことができる。

その一方でダイナミックな荒々しさを見せてくれる海もあり、たとえば巨大なアーチ状の岩がある海底の

島を楽しむコツ

- 体験ダイビングにぜひチャレンジ
- クジラ観察は12月〜3月がチャンス
- 慶良間海洋文化館で海の文化を学ぶ

DATA

人口579名／面積6.66㎢／周囲23.2km／最高地点161m（大岳）／座間味村観光案内所☎098-987-2277

百名島の名物

海を泳いで渡った犬の恋愛物語、主人公マリリンの像

6 集落がない北側には砂浜は少ないが、透明度の高い海が多い。チシという入江もその一つでスノーケリングに好適

3 びっしりとサンゴが敷き詰められたリーフでスノーケリングを楽しむ　4 竜宮城（？）で待ち構えているのはオトヒメエビ。体長約5cm

5 漆喰で固められた美しい琉球瓦屋根はかつての沖縄ではどこでも見られたが、今では珍しい（阿佐集落で）

ポイントでは、海面から太陽光が光の束となって差し込むという、実に神秘的な美しさを見せたりする。ダイビングで潜れば、かわいい魚たちと地形のおもしろさという二つの変化に富んだ海中景観を同時に楽しめるところがいい。

　また、例年冬の終わりごろから春にかけて、座間味島の近海にはザトウクジラが現れる。巨大なクジラが間近でジャンプする迫力あるシーンを見れば感動すること間違いない。

アクセス　那覇・泊港からフェリーで約2時間〜2時間30分。または高速船で約50分〜1時間10分。

日本百名島の旅
加藤のイチオシ

桃源郷のような自然がそのままに

16 水《みん》納《な》島《じま》

沖縄県（多良間村）

1 桟橋工事の掘削中にたまたま出てきた大シャコ貝の化石。口径は2mと恐ろしいほど大きい　2 浜辺で日陰を探すとき沖縄ではモンパノキが重宝する。水納島の木は巨大で木陰も大きい

巨大化した植物と荒削りな野性味

沖縄の島々を数多く渡り歩いている人でも、水納島へ行ったことがあるという人は極めて少ない。島へ渡る定期船もなく、1世帯5人のみが暮らす島にはとくに観光名所もないからである。しかし、そんな島だからこそ足を運んでみて、水納島の良さを発見してほしいのである。

かつて、桟橋の工事をしていたとき、2メートル近くある大シャコ貝の化石が岩礁の中からゴロンと出てきた。それは普通ならば博物館行きの珍品なのだが、生活に直結しないものなので放置され、その後の行方は今もわからない。化石の保存や展示など

島を楽しむコツ

- 巨大化したモンパノキなどを探す
- 伝説の名所「鳥塚」を探してみる
- 島にはないので水と食料は持参

DATA

人口5名／面積2.15㎢／周囲7.2km／最高所点13m／多良間村観光振興課☎0980-79-2260

百名島の名物

島の七つ道具。暮らしになくてはならない必需品

5 かつては200世帯ほどが暮らしていたが、その面影を残すものは屋敷の石垣跡だけである

3 自家発電機が故障したときには、常備されているランプが大活躍

4 島の沖合には見事なリーフが発達し、島は美しい砂浜に囲まれている（写真提供：多良間村役場）

6 北東の浜の木陰に百合若（ゆりわか）大臣伝説にまつわる鳥塚がある　7 畜産が水納島の主産業で、人口を上回る牛が放牧されている

考えない荒削りな気風がこの島で暮らす人々にはもともとあり、豪気に思えておもしろい。

島は亜熱帯植物の宝庫で、港の横に自生する常緑低木のモンパノキは、低木といいながら高さ約5㍍と巨大化し、防風林のモクマオウも沖縄で見るどれより背が高い。島内で見られる人工物はわずかに家屋、御嶽《うたき》、鳥塚《たかづか》、灯台ぐらいだ。この島で特筆すべきは、島を圧倒的に包み込んでいる大自然の深さなのである。

アクセス　定期航路なし。多良間島からチャーター船を利用。多良間島へは宮古島・平良（ひらら）港からフェリー約2時間。空路は、宮古空港から多良間空港まで約25分。

沖縄県

17 西《いり》表《おもて》島《じま》

手つかずの自然が残る野性の島

1 生息数は約100頭といわれ、その数も減少傾向にあるイリオモテヤマネコ（写真提供：環境省・西表野生生物保護センター） 2 仲間川は島で2番目に大きな川で、海に近い下流域だけにマングローブが生い茂る。上流に行くとイタジイ、タブなどの照葉樹林に代わる

ジャングルの植物のにおいを体感

沖縄県内では、沖縄本島に次ぐ大きさの島で、石垣島から28キロの位置にある。日本でも数少ないジャングルをもつ島である。亜熱帯性の密林が島じゅうを覆い、島の中央部の山岳地帯には昔から人が立ち入れなかったため、〝野性の島〟といわれていた。そして昭和42（1967）年には、20世紀最大の発見ともいわれた新種の野生ネコ、イリオモテヤマネコが見つかることとなり、一躍有名な島となった。

　そういう野性が今も息づく、島の大自然を見て歩くのが西表島の楽しみ方である。野性のふところ深くに

島を楽しむコツ

- 亜熱帯植物の森のにおいを楽しむ
- ジャングルを歩いて滝を楽しみに
- 西表野生生物保護センターで学ぶ

DATA

人口2300名／面積289.27㎢／周囲130.0km／最高地点470m（古見岳）／竹富町観光協会☎0980-82-5445

百名島の名物

スコール。突然降り出す雨は八重山諸島の中でも多い

6 落差55m、沖縄県最大のピナイサーラの滝。圧倒的な水量が見事

3 河口部のマングローブ地帯からボートは浦内川の中流域を進む

日本百名島の旅 加藤のイチオシ

7 湿地や密林の中を歩くとよく見られるサキシマスオウは、板根（ばんこん）という板状の根が珍しい

4 ヤエヤマヤシは１属１種で西表島と石垣島にだけ自生する　5 長さ1mにもなる巨大なエンドウマメのようなモダマ。中には豆が10個ほど入っている

入り込むにはカヌーのツーリングで川上りをするのもいいが、手軽な方法として〝マングローブ地帯〟をボートから観察するツアーに参加するのも一法だ。仲間川や浦内川の河口から出発し、オヒルギ、メヒルギの群落をはじめ、ヒカゲヘゴやニッパヤシ、シダなどが垂れ下がる中をくぐりながらボートが川を遡っていく。船が速度を落とすと、あたりの亜熱帯植物の独特な香りが漂ってくる。それがジャングルのにおい。来た人しか体験できないものである。

沖縄では珍しく水の豊かな島

ちょっとした山歩きで野性の一端をのぞくのも楽しみ方の一つ。目的地はピナイサーラの滝やカンピレーの滝がいいだろう。轟々と水を落とす滝があるということは、その上流では相当なスコールが降っていることもある。山に入る前は観光協会などで確認して、天候状況をしっかり

11休憩中の水牛は、ほとんど水の中に入って涼しげに遊んでいる

8年に一度、真夏に行われる豊年祭では数々の郷土芸能が奉納される

9 民家の生垣によく植えられているオオバナアリアケカズラは黄色が美しい　10 西表島ではどこでも見かけるブーゲンビリア

12 由布島は水牛車に乗って行く観光の小島。遠浅の砂浜をのんびりと揺られるのもいい

と把握してから行動したい。ピナイサーラの滝であれば、滝の上から下界に広がるマングローブや大海原の絶景を見たり、滝壺まで下りて水遊びをするのもいい。

また、この島の自然についてより深く知るためにも環境省の施設、西表野生生物保護センターを訪ねるといい。ジャングルの中を歩いているような展示物の多さに圧倒され、その上解説も充実している。

アクセス　石垣島・石垣港離島ターミナルから高速船で約35分で大原港(東部地区)へ、または約40分で上原港(西部地区)へ。冬期は上原港への高速船就航率が低くなる。石垣島へのアクセスは p.101 参照。

第2章 文化・伝承の島

強風から島の暮らしを守る石垣が絶妙な美しさを演出（祝島）

18

日本海最大の島は郷土芸能の宝庫

佐《さ》渡《どが》島《しま》

新潟県

1 佐渡には100を超す鬼太鼓の組がある。2頭の獅子と鬼が繰り広げる勇壮な舞いは観客を圧倒する

2 洋上から見る尖閣湾。島の西側では外海府（そとかいふ）海岸の荒々しい海食景観が見どころだ

佐渡の地が育んだ味わい深い芸能

新潟市の西約50キロの日本海にあり、その大きさや歴史的背景から、日本の島を代表するほど知名度の高い島である。

佐渡でまず触れてみたいのが独特な郷土芸能の数々、とりわけ祭りである。荒れる冬の日本海に青さが増して春の穏やかな海に変わる4月、佐渡の人々が待ち焦がれた〝祭り月間〟が始まる。土日はもちろん平日もどこかで祭りの太鼓の音が響き渡り、冬の間に閉じ込められたエネルギーが一気に発散されるかのようだ。

佐渡のほぼ中央にある町、新穂《にいぼ》の日吉神社では、春に山王祭が行われ、

島を楽しむコツ

- 鬼太鼓など佐渡の郷土芸能を楽しむ
- やはり見てみれば興味深い佐渡金山
- 船大工の家が並ぶ宿根木を訪ねる

DATA

人口61909名／面積855.25㎢／周囲280.4km／最高地点1172m（金北山）／佐渡観光協会☎0259-27-5000

百名島の名物

薬味のネギとしょうゆで食べる「いごねり」は磯の風味

5 文弥人形芝居「山椒大夫」の一幕。着物のすそから手を入れて動かすので動きが細やかだ

3 春の新穂地区。平野部に土のにおいがする
4 畑野の山から穀倉地帯の水田を見る

7 数万の身代わり地蔵が納められて並ぶ「梨の木地蔵」

6 のろま人形は佐渡方言も交えながら演じられる一種の喜劇

勇壮な鬼太鼓《おんでこ》の舞いがある。悪魔を払い五穀豊穣を祈願するといわれるその鬼の舞いと、辺りの空気を震わすほどの迫力ある太鼓の音は、夜の薄明かりの中で圧巻である。

また、佐渡を代表する人形芝居に文弥《ぶんや》人形がある。人形遣いの後継者が少ない中で300年以上の伝統を受け継ぐ「常盤座」と、その芝居小屋「ときわ館」が佐渡中央部の金井にある。常時行われているものではないが、公演があるときに観れば、文弥人形ならではの細かい目遣いなどに引き込まれるだろう。

また、間狂言《あいきょうげん》の「のろま人形」というものもあり、こちらは滑稽で大笑いを誘う芝居である。

佐渡を語る金山の歴史と町並み

佐渡の歴史は金山の歴史ともいえるだろう。慶長6（1601）年に金鉱脈が発見され、その後約390年あまりにわたり、国内屈指の金山

10 明治後期〜大正期に建てられたといわれる大間港の煉瓦倉庫。今も昔と変わらないたたずまい

8 相川に残る大正〜昭和初期まで稼動していた金の精錬所と発電施設

9 金山の発展と共に歩んだ人工の港、大間港。鉱山関係の資材や石炭などが陸揚げされた

12 江戸時代に金の採掘が行われた「宗太夫坑」。灯りの煤と過酷な労働で坑夫は短命だったという

11 現存する佐渡で作られた佐渡小判。重さ約17.8ｇの小判にはさまざまな刻印が入っている

として時代を映しながら歩んだ島である。その総産出量は金が78トン、銀は2300トンと記録される。

かつての坑内がリアルに再現された史跡・佐渡金山の近くには、山が真っ二つに切り裂かれたような場所がある。そこは、道遊《どうゆう》の割戸《われと》と呼ばれる佐渡金山発見当時の露天掘りの跡で、山頂から麓まで人間が金を掘りつくしたことによって生み出された欲望の奇観ともいえるだろう。

また、少し目線を変えてみると、金山そのものではない場所にも佐渡金山にまつわる場所が多くある。ぜひ見ておきたい一つが大間港である。

この港は400年前には鉱山集落に運ぶ米などの食料を陸揚げした小さな船着場だったが、明治25（1892）年に当時としては珍しい人工港湾として造られたもの。軌道が敷かれトロッコが渡ったモダンな鉄骨製トラス橋や石造りの護岸が今も残り、廃墟の風情を漂わせている。

船大工の集落だった宿根木の一角には、まるで船の舳先のような形の家屋もあり、歩いてみるとさまざまな発見がある

13 実物大の千石船「白山丸」が展示される小木の千石船展示館
14 すり減って真ん中がくぼみになった、宿根木の味わい深い石段

昔町をタイムトリップ

佐渡南部の小木《おぎ》には、宿根木《しゅくねぎ》という地区がある。江戸時代に北前船を造る船大工が多く住んだ集落である。約30戸の民家が密集して建つその海ぎわの集落景観は、古くから日本の沿岸で見られてきた〝小漁村〟の印象でとても美しい。両手を広げると両側の家に手が触れてしまうくらい狭い路地から路地へ、船大工の意匠を今に残す景観を楽しみながら歩いてみよう。

アクセス 新潟港からフェリーで約2時間30分、ジェットフォイルで約1時間5分、佐渡・両津港へ。直江津港と佐渡・小木港、寺泊港と佐渡・赤泊港を結ぶ船もある。空路は、新潟空港から佐渡空港まで約25分。

夏の海、海女《あま》の潜水漁に沸く

19

舳《へ》倉《ぐら》島《じま》

石川県

1

2

1 大きなタライにつかまり沖へ出る海女は、気づくと島の沖合1kmほどまで出てしまうこともあるという
2 海女の島の子供たちは、その土地柄から小さいころから港内などで泳ぎ、海に親しむ

大海原に聞こえる海女の磯笛《いそぶえ》

能登半島北部、輪島市の北約48キロにある海抜12メートルの平坦な島。昔ながらの漁具小屋などがある漁村風景がとても絵になる。

海女が海に潜ってアワビやサザエを獲る〝潜水漁〟を行う島は国内にもいくつかあるが、この島ほど本格的に潜水漁に力を入れている島はほかにないだろう。海女が海へ潜る様子を実際に見られたり、運がよければ獲れたてのおいしいアワビやサザエを、その日のうちに食べられるかもしれない。

ちなみに島へ渡れる季節は夏だけだと考えておこう。潜水漁は6月～

島を楽しむコツ

- 島内一周は徒歩のみで約40分ほど
- 約300種の渡り鳥の中継地で観察を
- 哀愁のある海女の「磯笛」を聴く

DATA

冬季の人口は不明（平成22年国勢調査時では110名）／面積0.55㎢／周囲5.1km／最高地点12m／輪島市観光課☎0768-23-1146

百名島の名物

ケルン（石積みの塔）。何のためのものかは諸説ある

4 島内で一番高い場所、高さ34mの舳倉島灯台から見た漁港。1世帯で大小2隻の漁船をもつのが一般的という

3 男たちは刺し網漁や一本釣りで漁業を支える。仕事を終えて漁具小屋から前庭に広げて干された網

6 小高い丘の上に鎮座する大漁の神を祭る恵比須神社。夏の祭礼では早朝から祈願が行われる

5 漁協で行われるアワビの集荷風景。水産物を運び込むのはすべて海女、検品と計量はすべて男である

10月だけの季節労働で、禁漁になると漁もなくなり、島民も島を引き揚げて本土へ渡ってしまうからだ。

　真夏の一日、磯で海女の潜水を見ていると〝磯笛〟と呼ばれる水面で呼吸を整えるときにたてる音がヒューヒューと聞こえる。哀愁を帯びた音が大海原の夏景色に風情を添えるところも実に趣深い。

　また、ここは日本本土と大陸との間を渡る約300種もの渡り鳥が中継点としている島。野鳥観察の専門家でなくとも、多くの野鳥を見つけられる楽しい島である。

アクセス　輪島港から客船で約1時間30分、舳倉島漁港へ。

路地裏探索と寝屋子の島

20

答《とう》志《し》島《じま》

三重県

1 答志集落の路地裏は人がすれ違うのがやっとの幅。この迷路に入り込んで楽しむのである

見知らぬ路地裏は実に楽しいもの

鳥羽《とば》港の沖約2キロにある、伊勢湾で最も大きい島である。島の東側にある漁港、答志《とうし》と和具《わぐ》は、家々がぎっしりと建ち並ぶ集落。迷路のように入り組んだ路地を「これは何だろう？」と旺盛な好奇心をもって歩きまわるのがこの島の楽しみ方である。

路地裏の家の壁や港の漁船にまで墨で書きなぐられたような㊇の文字。これは大漁と家運長久を願う八幡神社の魔除けの印なのだという。路地が突き当たりになる場所には「さんでの底」（サザエの殻の奥）という行き止まりを意味する標示板もあり笑わせる。ほかに〝血洗い池〟とい

島を楽しむコツ

- 答志と和具の路地裏を歩いて探索
- 八幡神社の魔除け㊇の印を探す
- 寝屋子の話を島人に聞いてみる

DATA

人口2473名／面積6.98㎢／周囲26.3km／最高地点167m／鳥羽市観光協会☎0599-25-3019

百名島の名物

外壁などに見られる㊇の字は八幡神社の魔除けの印

日本百名島の旅 加藤のイチオシ

4 答志漁港の漁船は八幡神社の渡り橋の下をすり抜けて入出港する。足元を通過して行く漁船を間近に見られ、エンジン音とともに漁港の動感が伝わる

2 路地裏を抜け出ると道端に小川のような“血洗い池”が現れる
3 答志島で自刃した九鬼嘉隆の“胴塚”。この上の築上(つかげ)岬には首塚がある

5 答志島ではワカメ干しの風景がよく見られる。春の和具漁港の干し棚では潮のいい香りが漂う

6 蘇民将来子孫之家と書かれた伊勢地方独特の立派なしめ縄。正月に掲げると1年間外さずに掛けておく

う不気味な名前の池もあるが、ここは安土桃山時代の水軍の大将・九鬼《くき》嘉隆《よしたか》が自刃し、その刀を洗ったという場所である。

ところで、答志島にはこの島ならではの独特のならわしがある。男子が中学を卒業すると、親代わりの家で同い年の男子と共同生活を送る寝《ね》屋子《やこ》というもの。こうした伝統が守られていることで、島の男たちは固い絆で結ばれているという。

アクセス 鳥羽港(佐田浜)市営定期船乗り場から客船で、島の東部にある和具(わぐ)港へは約15分～27分、答志港へは約23分～39分。島の西側にある桃取港へは約12分。

21 犬島《いぬじま》

岡山県

精錬所の廃墟がアートになった島

精錬工場の発電施設だった建物も外壁と煙突を残すだけとなった（1990年代に撮影したもの）

日本百名島の旅 加藤のイチオシ

静謐で美しい産業遺構を訪ねる

岡山市の東部、宝伝《ほうでん》港の南約4キロにある島で、明治の末期から大正8（1919）年まで銅の精錬が行われていた。当時の煙突や精錬所の火力発電所などは風化にまかせてそのまま廃墟となっていて、それが実に味わい深い造形美として今日まで残されていた。この遺構を生かして平成20（2008）年から犬島アートプロジェクト「精錬所」（犬島精錬所美術館）が開館した。

古くから石材の産地で、大阪城最大の蛸石《たこいし》も犬島産。露天掘りの跡に雨水が溜まってできた池が随所に見られ、独特の風景を生み出している。

立体交差する島の道。ここに架けられた橋は特産の犬島石製

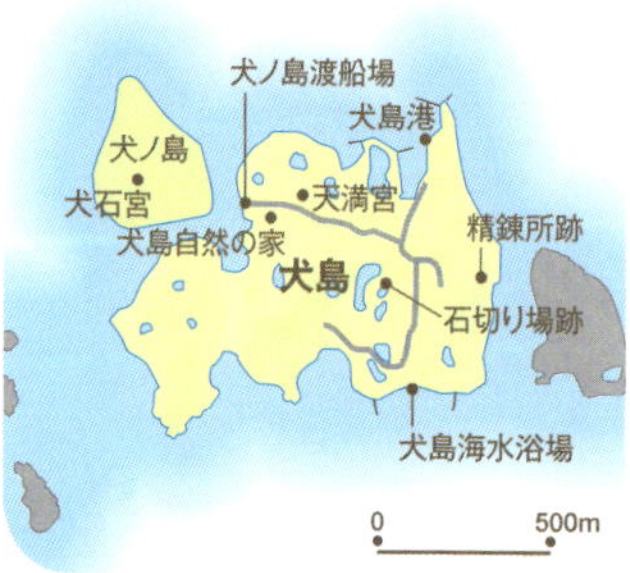

島を楽しむコツ

- 精錬所（有料施設）はぜひ見学したい
- 集落で犬島石の石垣などを見つけよう
- 5月3日は隣の島の犬石宮へ参詣を

DATA

人口50名／面積0.54㎢／周囲3.6km／最高地点36m／岡山市西大寺観光協会☎086-944-5038

百名島の名物

銅精錬の残存物で作られた「カラミ煉瓦」の構造物

アクセス 岡山市宝伝（ほうでん）港から客船で約7分。
※犬島の北西にある犬ノ島へは、5月3日の祭りの日だけ一般の立ち入りが許される。

瀬戸内海の国際色豊かな島

22

白《しら》石《いし》島《じま》

岡山県

源平水島合戦の死者の霊をなぐさめて始まったという「白石踊」(写真提供：笠岡市役所)

白砂の美しいビーチで異文化交流

笠岡港の南約10キロにあり、150メートル前後の山が連なる比較的平地の少ない島。海岸部には美しい砂浜があり、波穏やかな海に島々が点在する景色は典型的な瀬戸内海風景である。また島に伝わる「白石踊」は旧盆に行われ、800年の歴史を誇る。

日本を紹介する外国のガイド書にも載ったことがあるので、関西や広島などを旅した外国人が足を延ばしてやって来ることが多い。また、外国人向けの宿泊施設「国際交流ヴィラ」があり、真夏の白石島ビーチは国際色豊かな浜辺となる。

夏の白石島海水浴場には外国人経営の屋台店なども建ち、実に国際色豊か

島を楽しむコツ

- 夏はビーチ、冬はぶらりと島内散策
- 無形民俗文化財「白石踊」は旧盆に
- 体験会で白石踊を覚えて盛り上がる

DATA

人口598名／面積2.96㎢／周囲10.1km／最高地点169m（立石山）／笠岡市経済観光活性課☎0865-69-2147

百名島の名物

鎧(よろい)模様の自然の岩、国指定天然記念物の鎧岩

アクセス　笠岡港からフェリーで約25分〜35分、高速船で約22分。

船方衆が治めた歴史ある島

23 塩《し》飽《わく》本《ほん》島《じま》

香川県

1 江戸時代末期から明治にかけての伝統的建造物が建ち並ぶ笠島地区。幕末の志士が走り抜けていきそうな風情がある
2 民家の壁に富の象徴として描かれた漆喰の鏝絵。昭和初期のものらしい

島を楽しむコツ

- 塩飽勤番所の歴史的展示物を拝観
- 笠島地区の歴史ある家並みを見る
- 映画『機関車先生』のロケ地跡を見学

DATA

人口452名／面積6.75㎢／周囲19.8km／最高地点204m（小阪山）／塩飽本島観光案内所☎0877-27-3077

百名島の名物

幕末、嘉永5（1852）年に建てられた珍しい夫婦倉

趣深い集落が島の隆盛ぶりを語る

丸亀市の北約10キロ、200メートルほどの山が二つ見える島が本島。豊臣秀吉の時代、本島を中心に周辺七つの島々は塩飽七島《しわくしちとう》と呼ばれ、特別に島の船方衆に自治権が認められていた。やがて江戸時代にこの地は天領となり、本島の文化は明治維新まで隆盛を極めた。その格式と面影は今も島のいたるところに残されているので、のんびりと散策してみるといい。

本島港から徒歩10分ほどのところにある塩飽勤番所《しわくきんばんしょ》は、文久2（1862）年の改築当時の面影を残しながら復元された史跡。信長、秀吉、家康からの朱印状や、朱印状を保管

6 自治権を認められた船方たちは人名(にんみょう)と呼ばれ、その中から長となった人物を年寄といった。年寄の墓は高さ3mもある大きなもの

3 塩飽勤番所にある石で作られた朱印蔵。信長、秀吉、家康の朱印状がこの中に保管された
4 塩飽七島の政務所だった塩飽勤番所(国指定史跡)

5 "長刀を持つカニ"が描かれた長徳寺の絵瓦には、火災や自然災害から建物を守る願いがある

した朱印蔵なども残されている。

島の北東部にある笠島地区は、江戸末期から明治にかけて建てられた家々が軒を連ねる伝統的建造物群保存地区である。重厚な二階建家屋の壁には虫籠窓《むしこまど》もあり、1階の連子格《れんじこう》子窓《しまど》が美しい。この笠島付近には、専称寺《ぜんしょうじ》や長徳寺など歴史ある寺院が残る。

また、島の西部には、映画『機関車先生』のロケに使われた校舎や、愛らしい姿の夫婦倉《めおとぐら》などもある。

アクセス　丸亀港から客船で約35分、または岡山県・児島観光港から客船で約30分。

広島県

24

大《おお》崎《さき》下《しも》島《じま》

海の要衝の面影を残すミカン王国

1 大長港が背にする山は見事なミカン畑。港の船はミカンの農業機械を運ぶ農船《のうせん》

島を楽しむコツ

- 大長港から裏山のミカン畑を望む
- ミカン畑で花の香りを楽しむ
- 歴史的な町並みの御手洗を歩く

DATA

人口2497名／面積17.82㎢／周囲26.0km／最高地点449m（一峰寺山）／呉市豊町観光協会☎0823-67-2278

百名島の名物

「大長みかん」は味が濃いブランドミカンとして好評

ミカンの花の香り漂う季節がいい

瀬戸内海でも島々が最も集中している広島県竹原市の沖、約17キロにあるミカン栽培で知られる島だ。

島の東側にある大長《おおちょう》地区は、山の斜面がすべてミカン畑である。狭い土地の生産効率を高めるために山頂まで開墾された段々畑は、実に見事な景観を生み出している。

たわわに実をつけた秋はオレンジ色が映えて美しいが、さらに素晴らしいのは新緑の5月過ぎ。白いミカンの花が咲き、その花のすがすがしい香りで島一帯が覆われるときである。この時期にぜひミカン畑の斜面を歩いてみるといい。そのかぐわし

日本百名島の旅　加藤のイチオシ

3 重要伝統的建造物群の家並みは重厚感にあふれ、整然と建ち並ぶその中に繁栄の時代の気風のようなものを感じる

2 御手洗の船宿に残っていた、戸袋に使われていた宿の商標。江戸～明治期にかけてのもの

6 歴史の見える丘公園からは手前に御手洗港と遠方に大長港が望め、海上には3つの無人島がとらえられる

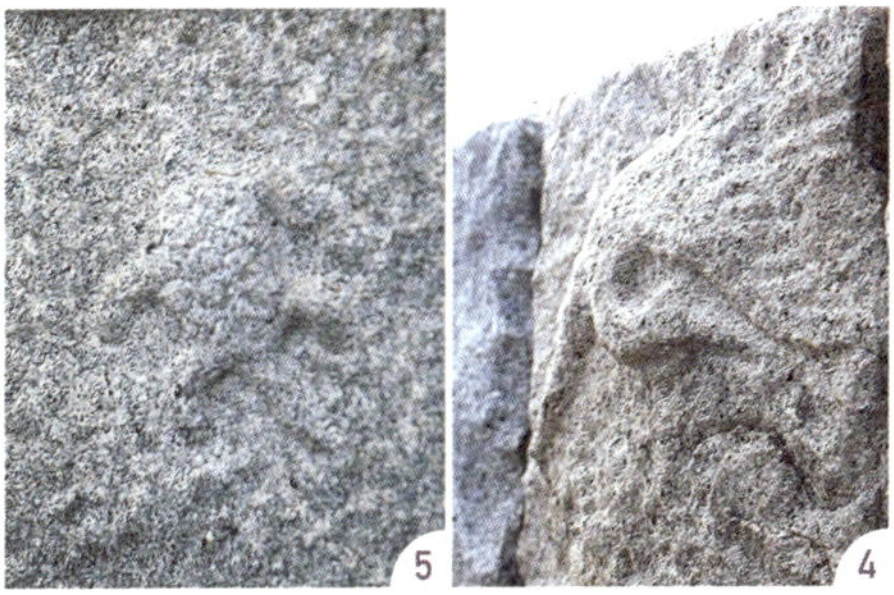

4 5 御手洗の千砂子波止は帆船時代に最も活況を見せた場所だった。積み石の根元の石に残る鶴と亀の彫りものは、波止の築堤を行った石工が残したものといわれる

い香りが、最盛期には海上の船にまで漂ってくる。

かつて瀬戸内海を帆掛《ほか》け船《ぶね》が往き来していた時代、島の南東部の御手《みた》洗《らい》は潮待ちや風待ちをする船が停泊し、多くの人でにぎわう港だった。百年以上前のその港町の雰囲気や人々の意気などは、石工が彫り込んで残した千砂子《ちさご》波止《はと》の〝鶴と亀〟や、重厚な伝統的建造物が建ち並ぶ景観などによく残されている。

アクセス　車で広島呉道路・呉ICから安芸灘大橋有料道路を経由して約1時間10分、大崎下島・御手洗港へ。

かんきつと文化が薫る島

25 生《い》口《くち》島《じま》

広島県

1 大三島上空から見た多々羅（たたら）大橋と生口島全景
2 “島ごと美術館”の野外アート作品「凪のとき赤いかたち／傾」 3 潮音山公園から見た向上寺三重塔と瀬戸内風景

島を楽しむコツ

- 17点の野外アート作品を鑑賞！
- 潮音山に上り、向上寺三重塔を見る
- 四季折々の美しさを耕三寺境内で探す

DATA

人口9698名／面積31.05㎢／周囲33.6km／最高地点472m（観音山）／瀬戸田町観光案内所（尾道観光協会瀬戸田支部）☎0845-27-0051

百名島の名物

港前の潮風の中に干してある干しダコはとにかく美味

瀬戸内で楽しむ古寺と現代アート

瀬戸内海でもとくに島が密集している芸備《げいび》群島の島である。三原市の南約10キロにあり、しまなみ海道を通れば陸路で渡ることもできる。

昭和から平成にかけての経済上昇期には、大々的に現代美術作品を設置して〝島興《おこ》し〟を行った先駆的な島である。当時作られた17点の野外アート作品は、今も島の風景としてユニークな形で楽しませてくれる。

しかしこの島で最も際立つ素晴らしさといえば、耕三《こうさん》寺《じ》の四季折々の美しさであろう。サクラの園となる春に始まり、サツキ、フジ、紅葉、ときに雪景色と、耕三寺を背景に

4 堂塔が20あまり建ち並ぶ耕三寺境内の中でも、ひときわ美しいのがサクラ並木の春

5 日本で最初のレモン栽培地でもあり、島の産業においても観光と二分するのが歴史ある農業

6 耕三寺の建造物で一番のハイライトは、日光東照宮の陽明門を原寸で再現した孝養門。精緻な彫刻と色彩が圧巻

7 生口島と大三島の間にある“ひょうたん島”はテレビ人形劇「ひょっこりひょうたん島」のモデルとなった無人島

刻々と変化していく季節のうつろいを楽しむのもいい。

そしてもう一つの魅力を挙げるなら、瀬戸田港裏の潮音山《ちょうおんさん》にある向上《こうじょう》寺《じ》三重塔(国宝)である。瀬戸内の風景に溶け込ませて三重塔を眺めれば、ただただ心を奪われるばかりだ。それもそのはず、生口島出身の日本画家・平山郁夫も絵の題材として向上寺を選んでいるほど、三重塔と多島海の美しさは格別。その作品は平山郁夫美術館に展示されている。

アクセス　三原港から高速船で約26分～28分、瀬戸田港へ。ほかに沢港へ寄港する便もあり。陸路は、尾道駅からバスで約1時間5分、瀬戸田港へ。

26

愛媛県

海賊武将・藤原純友反乱の島

日《ひ》振《ぶり》島《じま》

能登地区から見た海の景色。藤原純友もこの海を見ていたのだろう

純友が見た風景を同じ場所で見る

愛媛県宇和島の西方沖約25キロにある島。平安時代に海賊となり、反乱を起こした藤原純友《ふじわらのすみとも》が城砦《じょうさい》を構え、反乱軍と立てこもった島である。

そんな純友の気分になって明海《あこ》地区にある標高80メートルの城砦跡、城ケ森《じんがもり》に上ってみよう。ここに集結し、軍旗をなびかせた千隻の軍勢の出陣風景が目に浮かぶだろう。純友ゆかりの井戸などの遺構を訪ねた後は、能《の》登《と》と喜路《きろ》の二つの集落も訪ねたい。

そして島に1泊したら、翌朝は明海港からの朝焼けは必見。それはもうただただ見惚れるばかりの絶景だ。

朝焼けの中の明海港から出漁する漁船。向かう先は豊後水道か

島を楽しむコツ

- 城ヶ森の純友の城砦跡から海を見る
- 船を下りたら3集落は歩いてみよう
- 早起きし明海港の朝焼け風景を見る

DATA

人口394名／面積4.01㎢／周囲27.5km／最高地点197m／宇和島市観光協会
☎0895-22-3934

百名島の名物

風物詩ともなっている港でのイカ干し

アクセス　宇和島港から高速船で、能登港へは約43分、明海港へは約53分、喜路港へは約1時間2分。

石を練り込んだ塀が見事な島

27

祝《いわい》島《しま》

山口県

祝島の集落全景。建ち並ぶ家々を結ぶ石段と練り塀がこの中にある

強風から家を守る石造りの練り塀

柳井市から南にのびる室津半島の先端、上関《かみのせき》港の南西約16キロにある島。瀬戸内海西部のこの辺りは、冬場の季節風が強い。それを防ぐため、祝島では浜から運んだ石を積み上げて漆喰で固め、頑丈な石造りの塀にして家屋を守ってきたといわれる。コンクリートの中に練り込まれた色とりどりの石の色が塀の味わいとなり、見て歩くだけでも飽きない。

島内の見どころとしては、修験道の大先達、役小角《えんのおづぬ》が修行したとされる行者堂などがある。また、郷土の味として、にがりではなく海水で固める石豆腐も知られている。

風情を感じる瀬戸内らしい光景。写真を撮るもよし、絵を描くもよし

島を楽しむコツ

- 個性豊かな練り塀を一つずつ堪能
- 4年ごとの神舞神事は貴重な民俗行事
- 島の味覚「石豆腐」を味わう

DATA

人口470名／面積7.69㎢／周囲12.7km／最高地点357m／上関町観光協会☎0820-62-1093

百名島の名物

石を積み上げた練り塀。祝島を特徴づける原風景

アクセス　柳井港から客船で約1時間10分。途中、室津港、上関港、蒲井港、四代港を経由。

28

長崎県

壱《い》岐《きの》島《しま》

弥生時代の遺跡と石の文化を訪ねる

1 原の辻遺跡の発掘現場。およそ1㎞四方におよぶ弥生時代の多重環濠集落跡である
2 白砂の美しい筒城浜(つつきはま)。全長約600mの浜は日本の渚百選の一つ

古代人が立った場所で古《いにしえ》を想う

九州本土の北西部、イカで知られる佐賀県呼子《よぶこ》から北西約26キロの玄界灘にある島。中国の史書魏志倭人伝《ぎしわじんでん》に出てくる「一支国《いきこく》」はこの壱岐島ではないかといわれるが、大陸との中継点であったことは想像がつく。

その一支国の中心となった王都が、島の南東部にある原《はる》の辻《つじ》遺跡。日本でも数少ない、弥生時代の環濠《かんごう》集落の遺跡だ。遺跡の出土品の多くは一支国博物館に収蔵され、展示物には人面石やとんぼ玉など古代人が作った造形物があり、古の人々の思いを読み取ってみたくなるだろう。

古代の余韻を残したまま〝石と岩

島を楽しむコツ

- 原の辻遺跡と博物館で古代を知る
- 夏は筒城浜でビーチ遊びを!
- 石造の猿が並ぶ男岳神社に参拝

DATA

人口28988名/面積133.92㎢/周囲167.5km/最高地点213m(岳ノ辻)/壱岐市観光協会☎0920-47-3700

百名島の名物

無病息災を願う魔除けの凧、鬼凧(おんだこ)

6 笑い、泣き、おどけたりの石猿たちが奉納されている男岳神社。家運長久を願うものといわれる

3 猿の後ろ姿を思わせる猿岩は高さ45mの巨岩
4 壱岐島をまたいで魚をすくったという鬼伝説の場所、鬼の足跡

5 鯨供養や海で亡くなった海女たちの供養のために建てられたはらほげ地蔵

の名所〟を訪ねてみるのもいい。まずは島の北東部の男岳《おんだけ》神社にある石猿群。家運長久を願い参道脇から境内に奉納されたその数は数百基。猿の表情はそれぞれに違いがあって、なかなか滑稽だ。

ほかにも、島の西海岸にある猿岩や鬼の足跡、東海岸にはお腹に穴が開いた6体の「はらほげ地蔵」など、壱岐島には岩や石にまつわる見どころや言い伝えが多い。また、島内にある数多くの神社を訪ねたり、重要無形民俗文化財の壱岐神楽などを楽しむのもいいだろう。

アクセス　博多港から高速船で約1時間10分、またはフェリーで約2時間30分、壱岐・郷ノ浦港へ。ほかに壱岐・芦辺港へ発着する便などもある。空路は、長崎空港から壱岐空港まで約30分。

長崎県

29

対馬《つしま》島《じま》

歴史と文化に彩られた国境の島

1 山の斜面に設置された「蜂洞」。養蜂家が長年の経験でこの巣箱の設置場所を決める
2 蜂洞から取り出したばかりのニホンミツバチの天然蜂蜜。これをろ過すると約1リットルの蜂蜜が採れる

蜂蜜は対馬の大切な食文化の一つ

福岡の北西約130キロの日本海にある、国内で佐渡島、奄美大島に次ぐ大きな有人島である。わずか50キロほどの対馬海峡を隔てて、隣国の韓国と対峙している。つまり、これまでの対馬の歴史の中では大陸からのさまざまな影響を受けていて、島の風物や食の中に〝何か日本とは少し違う文化〟を見つけながら歩いてみると楽しい。

対馬で一番の繁華街は、島の南東部にある厳原《いずはら》。その北部の山の中を車で走ると、沿道の森に切り株の筒が何本も立っている光景を見かける。これは「蜂洞《はちどう》」という蜂蜜を集める

島を楽しむコツ

- 長い歴史と伝統の対馬蜂蜜を味わう
- 対馬ならではの石屋根を見に行こう
- 海照らしの花咲く北端の里と韓国遠望

DATA

人口34094名／面積696.10㎢／周囲832.9km／最高地点649m（矢立山）／対馬観光物産協会☎0920-52-1566

百名島の名物

鶏だしで食べる「ろくべえ」はぷりぷりした食感を味わう

4 地鶏料理のイリヤキ（右下）をはじめ、対馬は食の宝庫だ。山のものから海のものまで、採れる素材は豊かである

日本百名島の旅 加藤のイチオシ

3 蜂蜜と落花生、きな粉を使った韓国の菓子「龍のヒゲ」を作る屋台

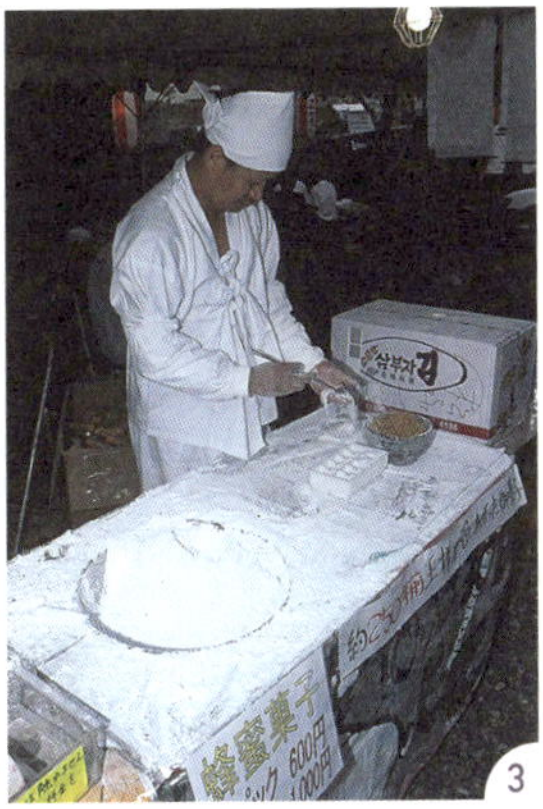

5 地元の「対州そば」のためのそば栽培と、対馬蜂蜜用の花畑も兼ねている畑

6 ひと口大の餅に採れたての蜂蜜をからませて食べる「蜂蜜もち」 7 対馬蜂蜜の初物は晩秋の収穫期をねらう

ための巣箱だ。いろいろな花の蜜がこの中に集められ、混合して雑蜜となったものが対馬蜂蜜で、年に一度だけ取り出されるその味は、ニホンミツバチならではの濃厚さと甘みと風味が強いのが特長である。とても希少で高価なものだが、島内であれば手に入るチャンスはある。

例年11月ごろに蜂洞の蓋が開けられると、採れたての蜂蜜をたっぷりとからませた「蜂蜜もち」を作る養蜂家もいるので、運がよければ味わえるかもしれない。

非常に珍しい石板を載せた屋根

対馬でしか見られないものの一つとして、石屋根の倉庫がある。倉庫の屋根を石で造った背景には、冬の強風で屋根が飛ばされないようにするためだったとか、火災から食料などを守るためとか諸説あるようだが、学術的にも価値が高いという。

石屋根の倉庫が見られるのは、島

13 ウミテラシの異名をもつヒトツバタゴの花は、満開になるとその白さで山肌がまぶしく感じられる

8 9 椎根地区に数棟建つ石屋根の倉庫。近くで見ると板状の積み石の重厚さは圧巻である

11元和元（1615）年に創建された万松院。その山門は創建当初のもので国指定の史跡として保存されている

10 厳原の町には韓国人観光客向けの飲食店が多く、繁盛している

12 烏帽子岳展望所から見た、入り組んだ海岸線の浅茅湾風景と緑多き対馬の景観

の西側にある椎根《しいね》という集落周辺のみ。とくに田んぼの中に建つ一棟は、均一の厚みをもった石板をうまく積み重ねていて、実にフォトジェニックな造形美を見せている。

また、椎根から車で5分の場所には、文永の役（1274年）で900余隻の元・高麗連合軍の来襲を受けたと伝えられる古戦場の小茂田浜《こもだはま》がある。対馬では珍しく白砂が続く美しい浜辺で、700年以上も昔の歴史をたどりながら潮風に吹かれてみよう。

明るく海を照らす、山の木花

厳原の町のほぼ中心部には、江戸時代に朝鮮通信使と江戸幕府を仲介していた対馬藩主・宗《そう》家の菩提寺、万松院《ばんしょういん》がある。百雁木《ひゃくがんぎ》と呼ばれる自然石の石段を123段上ると宗家の墓所があり、そこには荘厳な空気が漂っている。旧盆のころの夕方には、境内に多数ある石燈籠に明かり

が灯される。そして千年を超す巨杉などが茂る森の中にたたずむと、幻想的な世界に入り込んだ感覚になる。

対馬海峡を挟んで韓国の釜山を望む対馬の北端・鰐浦《わにうら》では、4月下旬ごろに真っ白い花をつけた木が満開になる。この春を呼ぶ花を地元の人々は「ウミテラシ」と呼ぶ。日が落ちかけても暗い入江がパッと明るくなるように〝海を照らす〟ところから付いた名前だ。この木はもともと大陸や朝鮮半島に多い木で、国境にあたる対馬で見事に咲くのにも長い歴史のつながりが感じられる。

アクセス　博多港から高速船で約2時間15分、またはフェリーで約4時間40分、対馬・厳原港へ。空路は、福岡空港から約35分、長崎空港から約35分で対馬空港へ。

キリシタン巡礼の島旅

30 中《なか》通《どおり》島《じま》

長崎県

1 火山跡の赤岳断崖。その後方急斜面にキリシタンたちは住み始めた　2 島の墓地はクルスを掲げた墓石が多く見られ、なんとなく異郷の趣きがある

断崖上の人家に島の歴史を想う

佐世保市の西約55キロに位置し、島内に25もの教会がある五島内でもカトリック色の濃い島である。中でも赤レンガ造りの青砂ヶ浦《あおさがうら》教会は、映画やドラマの舞台としてもたびたび登場したことがあるほど、古色をたたえた趣深さで美しい。しかし、もっと中通島らしさを象徴する風景を見るなら、青砂ヶ浦教会よりもさらに先まで足を運んでみたい。

島の最北端・津和崎へ至る道を進むと、海からそそり立つ断崖の地形が続く。そして、なぜここに人が住むのだろうかと不思議に思うほどの急斜面に人家がある光景に遭遇する。

島を楽しむコツ

- 北部へ行くと急斜面に家々の光景
- 青砂ヶ浦教会は島の教会の代表格
- クジラ漁の史跡や神社を見て歩く

DATA

人口20234名／面積168.06㎢／周囲278.8km／最高地点443m（番岳）／新上五島町観光物産協会☎0959-42-0964

百名島の名物

矢堅目（やがため）の塩は島の特産品。うまみのある塩だ

3 マリア像が立つ青砂ヶ浦教会の天主堂。重厚なレンガ造り

4 多くの教会建築を手がけた鉄川与助により、明治43(1910)年に建てられた青砂ヶ浦教会。日曜の礼拝の日でも拝観できる

5 有川にある海童(かいどう)神社の鳥居はクジラの骨

6 新魚目(しんうおのめ)の丸尾郷の小高い丘にある鯨墓。海の幸に感謝し供養したものである

これは豊臣秀吉の禁教令以降、追っ手から逃れたキリシタンがこの島へ渡り、安住の地として山間僻地に住みついたことに始まる。実際にその地に立つと、転がり落ちんばかりの斜面で暮らし、信教を守り通した人々の苦労がしのばれるだろう。

島の北部には、かつては情緒ある教会建築だった江袋《えぶくろ》教会(焼失後に再建)や、急斜面に建つ赤波江《あかばえ》教会など、こぢんまりとした教会が点在。そんな小さな教会や断崖上の集落を巡り、日本のキリスト教史の一端にふれてみるのもいいだろう。

アクセス　長崎港から高速船で約1時間20分、またはフェリーで約2時間50分、中通島・奈良尾港へ。佐世保港からは、高速船で約1時間25分、またはフェリーで約2時間50分、中通島・有川港へ。

五島最古の木造教会と沈島伝説を歩く

31

久《ひさ》賀《か》島《じま》

長崎県

1 昭和6(1931)年に五輪地区に移築された旧五輪教会内部。五島最古の木造の教会

島を楽しむコツ

- 五島最古の旧五輪教会に触れる
- 伝説の地、蕨で高麗地蔵を見る
- 浜脇教会は八角形の尖塔が印象的

DATA

人口397名/面積37.35㎢/周囲62.8km/最高地点341m(番屋岳)/五島市観光協会☎0959-72-2963

百名島の名物

島で獲れるカサゴ(アラカブ)のアラカブ汁は極上

人々の心の豊かさが島の風土を育む

長崎市の西約95キロ、福江島の北東に位置する島。五島列島の一つだが、交通の便や観光名所が少なくあまり知られていない。

島の東側海岸に2世帯が暮らす五《ご》輪《りん》地区がある。そこは途中まで車で乗り入れ、さらに最後の20分は細い道を歩いてたどり着くという離れ里で、小さな港の前にこぢんまりとした木造の旧五輪教会が建っている。もとは浜脇教会として明治14(1881)年に創建、昭和の建て替え時に五輪の人々が譲り受けて移築したもの。五島で最も古い木造教会だ。潮風にさらされて味わい深く枯れた

4 蕨地区の家並みと洋上は蕨小島。五島の景色の特徴はどこかしらに島の点景が入ること

2 国指定重要文化財の旧五輪教会は漁港の目の前にある　3 実は稲作が盛んな島でもある

6 首が長く、目のつり上がった顔の高麗地蔵。どう見ても異国風である

5 白亜の尖塔をもつ浜脇教会は久賀島の中では一番高くて大きい

木の質感に触れることができる。

またこの島には民話や伝説も多い。島の北東・蕨《わらび》地区のはるか沖合にあったという高麗島《こうらいじま》伝説は、陶工たちが住んでいたというその島がある日突然海底に沈んでしまったという伝説だ。そのとき生き延びた人たちが運び出したと伝えられる高麗地蔵が、小さな祠に祭られて今も蕨地区の道ばたにある。伝説に登場する地蔵が実在する不思議さと、そういう伝説が今も生き続けるのどかさをしみじみと味わいたい島である。

アクセス　福江島・福江港から客船で約20分、久賀島・田の浦港へ。または福江島・奥浦港からフェリーで約19分、田の浦港へ。福江島へのアクセスはp.79参照。

32 福《ふく》江《え》島《じま》

長崎県

伝統行事に彩られた西海の島

1 島の西端、大瀬崎の断崖に建つ大瀬崎灯台。明治12（1829）年に初点灯したこの灯台は「日本の灯台50選」の一つ
2 大宝郷の砂打で砂鬼につかまり砂を体中に浴びる子供。わんぱくな子はこの日こらしめられる

日本百名島の旅 加藤のイチオシ

五島に息づく奇祭を見に行こう

長崎市の西約100キロにあり、五島列島の経済・文化の中心となっている島である。

そんな福江島の旅の目的の一つに加えることをお勧めしたいのが、島の伝統行事だ。一年を通して行事の多い島でもあり、その多くが国の無形文化財などに指定されている。

中でもおもしろいものの一つが、島の南西部にある大宝郷《だいほうごう》で旧暦の9月28日～29日に近い土・日曜に行われる「砂打《ずなうち》」だ。体中にスミをつけ、藁《わら》の被《かぶ》り物《もの》をまとった恐ろしい形相の砂鬼《ずなおに》が、集落のどこからともなく現れ、大粒の砂を誰彼なく投げつけ

島を楽しむコツ

- くまなく回るには、車で2日間は必要
- 伝統行事「砂打」「ヘトマト」を見る
- 魔除けの「バラモン凧」の絵付けを体験

DATA

人口37460名／面積326.00㎢／周囲322.1km／最高地点461m（父ヶ岳）／五島市観光協会☎0959-72-2963

百名島の名物

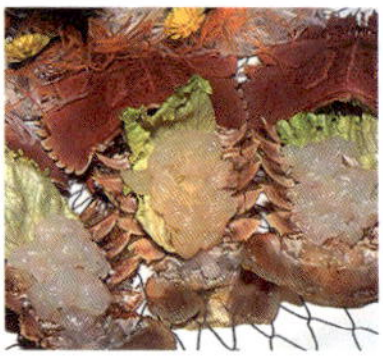

ゾウリエビの刺身はイセエビと並ぶ美味なる一品

3 洗濯や野菜洗いなどに使う「岩川の共同洗い場」
4 三方が海に面した、日本でも珍しい海城の福江城（石田城）

6 語源も起源も不明の伝統行事「ヘトマト」は、相撲、羽根つき、けまり、綱引き、大草履奉納の5種からなる奇祭

7 五島で最初の教会として建てられた堂崎天主堂は、五島のカトリックの総本山である

5 五島独特の絵模様が見事なバラモン凧。福江武家屋敷通りふるさと館で絵付けの体験ができる

て厄落としをして回るというもの。砂鬼の恐ろしさに子供は逃げ回り、集落は阿鼻叫喚のるつぼと化す。そんな行事を体験すれば、実に印象深い旅となるだろう。

　また、島の東端に近い下崎山では、小正月に「ヘトマト」という行事が行われる。藁で作った巨大な草履《ぞうり》の中に、若い女性を投げ込んで担ぎ上げるなど、豊作祈願の行事といわれる。これもまた見る者を驚かせる奇祭だ。

アクセス　長崎港から高速船で約1時間40分、またはフェリーで約3時間45分、福江港へ。空路は、長崎空港から五島福江空港へ約30分、福岡空港からは約40分。

33

種《たね》子《が》島《しま》

火縄銃と宇宙ロケットの島

鹿児島県

日本百名島の旅
加藤のイチオシ

1ロケットや宇宙開発の資料などが展示されている宇宙科学技術館　2ポルトガル人渡来の地、門倉岬に建つ鉄砲伝来紀功碑　3ロケット発射台のある大崎射場

島を楽しむコツ

- 宇宙科学技術館で宇宙開発を学ぶ
- 千座の岩屋で海辺歩き
- 安納芋を使った島の焼酎もぜひ！

DATA

人口31693名／面積445.52㎢／周囲169.6km／最高地点282m／種子島観光協会☎0997-23-0111

百名島の名物

天文12（1543）年、種子島に初めて伝来した火縄銃

時代の両極を島の中で感じよう

鹿児島市の南約115キロの位置にある、南北に細長い島。種子島といえば、鉄砲伝来の場所や宇宙開発のロケット打ち上げ基地を思い浮かべる人が多い。まさにここは西洋文化の窓口となった最初の場所であり、また宇宙開発という未来を背負った島である。そのいわば〝過去と未来〟という対極を見るのがこの島の楽しみ方といえる。

とくに島の南部には見どころが集中している。宇宙科学技術館を見学して、近くの美しいビーチを眺めてふとその横に目をやると、巨大な大崎射場の鉄塔が建っていて驚かされ

4 延々と続く白砂の浜田海岸にある千座（ちくら）の岩屋は、岩盤の模様や色あいが美しい。中は広い洞窟になっている

6 島内いたるところにあるサツマイモ畑では安納芋の栽培が盛ん

5 江戸時代に琉球から初めて種子島に伝えられた芋が甘藷（かんしょ＝サツマイモ）だった。苦労の末、この島に根付いたのだ

る。そしてすぐ近くの海ではサーファーたちが波を待っている。

種子島にはサツマイモ畑が多い。実は江戸時代・元禄期に琉球を通じてサツマイモが最初に伝わったのが種子島であることを知る人は少ない。つい近年までは芋焼酎用のサツマイモ栽培がほとんどだったが、今は人気の安納芋《あんのういも》の栽培が盛んだ。

その安納芋で造られた焼酎も、試しておきたい島の味。酒造所が繁忙期でなければ、工場見学をさせてもらえることもある。のんべえなら旅の目的の一つに芋焼酎も忘れずに。

アクセス　鹿児島本港・種子・屋久高速船旅客ターミナルから高速船で最短約1時間35分で西之表（にしのおもて）港へ。ほかにフェリー便もあり。空路は、鹿児島空港から約40分。

琉球国王の由緒を物語る島

34

伊《い》是《ぜ》名《な》島《じま》

沖縄県

日本百名島の旅 加藤のイチオシ

伊是名集落の町並み。手積みで作られた石垣と太いフクギが作りだす集落の風情がなんともいえずいい

美しい石垣とフクギは沖縄の原風景

沖縄本島の西北約30キロにあり、琉球王朝・第二尚氏王統の始祖、尚円《しょうえん》王《おう》が生まれた島である。重厚感あふれる沖縄の民家や、歴史を感じさせる石垣などをじっくり見たいならこの島を見逃してはいけない。

島の南部にある伊是名集落には、かつて総地頭職を務めた、銘苅《めかる》家の屋敷がある。百年以上を経た住居は、木質感と琉球瓦屋根の素朴な美しさがある。しかし銘苅家以外の伊是名集落の民家や、島の西の勢理客《せりきゃく》にも趣深さを発見できる。一見、乱雑に積み上げられたサンゴの石垣を整えるようにフクギの大木が立ち、独特な集落景観をかもし出している。

美しい伊是名島の海はどこもスノーケリングで遊べるが、潮の流れに注意

島を楽しむコツ

- 二つの集落で美しい民家を探索
- 明治39年建築の銘苅殿内《めかるどぅんち》を見学
- 伊是名ビーチを独り占めして遊ぶ

DATA

人口1588名／面積14.16㎢／周囲16.7km／最高地点120m（大野山）／伊是名島観光協会☎0980-45-2435

百名島の名物

琉球王朝・第二尚氏王統の始祖、尚円王の像

アクセス　沖縄本島・今帰仁村(なきじんそん)の運天港からフェリーで約55分。

第3章 味わいの島

唐揚げなどが美味のグルクン（タカサゴ）は沖縄県の県魚

1 幕末に日本初の英語教師となったR.マクドナルドが上陸した記念碑　2 鷹の巣園地から見た南部海岸線　3 頭と足が黒いサフォーク種のめん羊。実に牧歌的な風景だ

2

1

3

北海道

35

焼《やぎ》尻《しり》島《とう》

北海道の郷土食を支える島

ミズダコから羊肉まで美味がそろう

日本海に沈む夕日が美しい町、羽《は》幌《ぼろ》町の西約25キロにある、雄大な牧場が広がる景色のよい島である。

かつてニシンの大漁に沸いた島で、網元だった旧小納《こな》家の鰊《にしん》番屋の建物は、焼尻郷土館として公開されている。明治33（1900）年建築のハイカラな家屋は調度品からも当時の隆盛ぶりがうかがえる。

日本海の島だけあって、海の味覚も申し分ない。ウニ、ツブ貝、ミズダコ、オオナゴ、クロガレイ、ホッケなど季節によってうまい素材が揚がる。とりわけミズダコをミンチ状にして揚げたタココロッケは美味。

島を楽しむコツ

- レンタサイクルでのんびり島内巡り
- 「オンコの荘《もり》」は野鳥と木々の森
- 東海岸でゴマフアザラシを観察

DATA

人口255名／面積5.21㎢／周囲10.6km／最高地点94m／羽幌町観光協会☎0164-62-6666

百名島の名物

オンコの木。正式名はイチイ。島内に5万本ほどある

4 5 鰊番屋だった旧小納家の建物。明治33年の洋館木造建築はおしゃれな造りである。帳場の雰囲気なども当時を彷彿させ、ニシン景気に湧いた時代を感じさせる

7 タココロッケはミズダコを粗くミンチにして、油で揚げたもの。タコの風味と弾力のあるかみ心地がいい　8 希少なサフォーク種めん羊のソテー。柔らかく、そして美味

日本百名島の旅 加藤のイチオシ

6 東海岸の岩礁では例年やって来るゴマフアザラシの休息風景が見られる。近年は1年を通して見られる

そして焼尻島には北海道の他の島にないものが一つある。それはサフォーク種というめん羊を生産・飼育していること。風味がよいといわれる焼尻島のめん羊は、ほとんどが道内や大都市へ出荷され、ジンギスカン鍋などで消費される。その一部が島内で食べられることもあるので、宿などで聞いてみるといい。産地でいただくめん羊は、またひと味違って感じられるかもしれない。

アクセス　羽幌港からフェリーで約1時間。春から夏にかけては高速船も運航（約35分）。天売島からはフェリーで約25分（高速船で約15分）。

新潟県

36

粟《あわ》島《しま》

野趣あふれる磯の味わいを堪能

1 わっぱ煮に入れる魚は遠火で、時間をかけてあぶる
2 2隻の漁船で行う大謀網漁。アジやタイが水揚げされる
3 焼けた石を放り込んでひと煮立ちさせて食べるわっぱ煮

目の前で作られる豪快なわっぱ煮

新潟県村上市・岩船港から北西約35キロの日本海に粟島はある。この島には、島の代名詞といっても過言ではない味がある。その名は「わっぱ煮」。わっぱとは木の薄板で作った曲《ま》げ物《もの》のことで、これでいただく魚の味噌汁がわっぱ煮というわけである。もともと浜の漁師めしから始まった食べものというだけあり、その荒削りな作り方で、味噌汁とはこんなにおいしいものだったかと唸らせる一品といえる。

長ネギはザクザクと切り、雑魚のアイナメ、ギンポ、メバル、そしてこぶし大の石ころをまず焚き火であ

島を楽しむコツ

- わっぱ煮は旅行前、宿に予約する
- 5月～7月は大謀網の見学船に乗る
- 温泉「おと姫の湯」は癒やしの湯

DATA

人口334名／面積9.86㎢／周囲23.0km／最高地点265m（小柴山）／粟島観光協会☎0254-55-2146

百名島の名物

マダイ。宿の料理では尾頭付きで出されることも

4 仏崎展望台から見た西海岸の風景

6 7 島の沖に仕掛けた網を上げるのは日の出前。刺し網にはタイやメバルが多く掛かる

5 カモメを連れて帰ってきた大謀網漁船。静かだった朝の港が一気ににぎやかになり活気づく

日本百名島の旅
加藤のイチオシ

ぶっておく。ころ合いをみてわっぱの中に魚と水を入れ、その後焼いた石を放り込み、沸騰させて味噌を溶いて作る。粟島へ来たら、この郷土の味は必ず食べておこう。

6月はマダイの季節。この時期に訪ねれば、獲れたてのタイも食べることができるので、ぜひわっぱ煮と合わせて堪能したい。また定置網漁の一種、大謀網《だいぼうあみ》漁が5月〜7月に行われ、見学船からは威勢のいい漁の様子も見られる。

アクセス 村上市・岩船港からフェリーで約1時間30分、または高速船(冬期運休)で約55分、粟島港へ。

37

愛知県

篠《しの》島《じま》

浜の干し場でシラスの香に包まれる

日本百名島の旅　加藤のイチオシ

1 水揚げされたコウナゴはすぐ加工場で茹で上げられ、港の前の浜で天日干しされる
2 大都市名古屋に近い島とあって、篠島漁港は近代的なイメージの漁港

シラスとトラフグは年末から春が旬

知多半島の南端・師崎《もろざき》の南東約4キロに位置し、渥美半島とのほぼ中間、三河湾の湾口にある漁業が盛んな島である。

この島を訪れる人の中には、少なからずうまい海産物を食べたいと思っている人がいる。では何を食べたいのか。そのお目当ては、ズバリ「生シラス丼」だ。

シラスの漁期は4月〜12月と長い。その季節を外しても最近の冷凍技術のお陰でおいしいものが味わえる。しかし基本はやはり〝生〟。フワッとした食感のシラスのその味わいは、くせのない白身魚のようだ。

島を楽しむコツ

- できれば朝揚がった生シラス丼を
- 夏には美しく広大な前浜ビーチへ
- 西方寺付近の集落は迷路を歩く感覚

DATA

人口1822名／面積0.93㎢／周囲6.7km／最高地点49m／篠島観光協会☎0569-67-3700

百名島の名物

生シラス丼！　おろし生姜を散らしてさっとしょうゆをかける

6 平地には家々が密集していて、そこを迷いながら歩くのも楽しい。集落外れの石段を上ってみるとこんな景観が広がる

3 前浜(ないば)サンサンビーチは長さ 800m の美しい浜

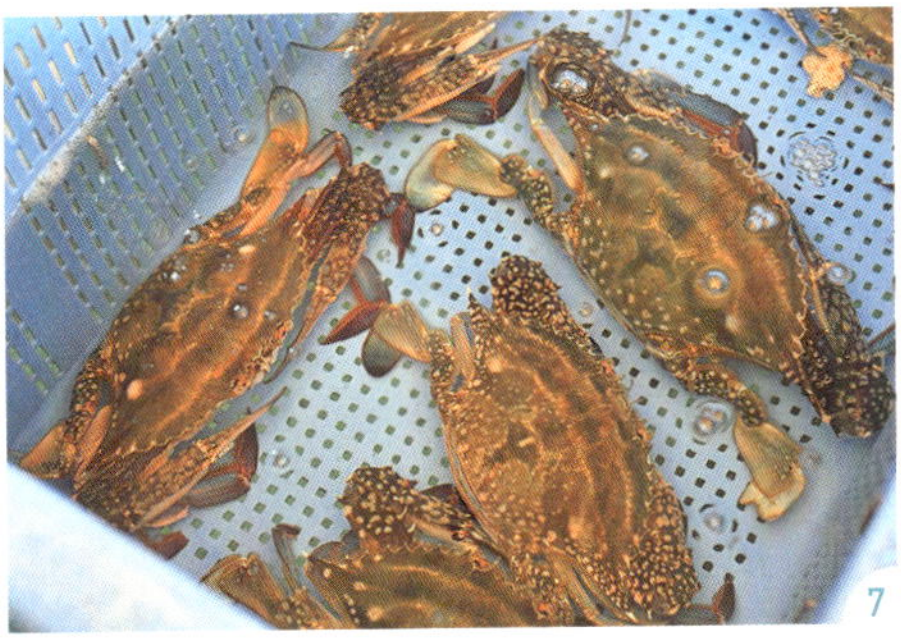

7 島の海鮮料理屋の生簀には獲れたてのワタリガニが。近年は冬場のトラフグコース料理に人気があるようだ

4 弘法大師ゆかりの地を歩く知多新四国八十八ヶ所の“お大師様巡り”。医徳院はその 39 番札所
5 帝井(みかどい)。後醍醐天皇の皇子・義良(のりなが)親王が篠島に漂着した際に掘られたと伝えられる

知多半島には「知多新四国八十八ヶ所」といわれる霊場があるが、篠島にもそのお札所があるため、お遍路さんに出会うことが多い。一緒にくっついて霊場めぐりをしていると、釜揚げしたコウナゴを天日干しする光景を目にすることがあり、おいしそうな香りが漂っている。魚が豊富なせいかどうかはわからないが、篠島にはネコもまた多い。

シラスやコウナゴ漁が盛んな篠島だが、10月〜3月はトラフグ、タコやアナゴは通年で味わうことができ、まさに海の味わいには事欠かない島なのである。

アクセス　南知多町・師崎(もろざき)港から客船で約20分。または、美浜町・河和(こうわ)港から客船で日間賀島経由、約30分など。

38

三重県

神《かみ》島《しま》

小説『潮騒』の舞台となった島

1 カルスト地形が露岩となっている名所“不動石”。不動明王の頭部の模様に似ているところから名づけられた
2 斜面に建つ神島の集落。家々を結ぶ路地は迷路のようだ

〝漁師盛り〟が神島のおもてなし

鳥羽《とば》港の北東約15キロにあり、形のよい171メートルの灯明山《とうみょうやま》が海上に立つようにある島。平地は少なく、港前に広がる集落は急斜面に家々が軒を連ねている。

三島由紀夫の小説『潮騒』に登場する〝歌島〟こそ神島である。若き日の三島は取材で神島を訪れ、漁協組合長の家に長期滞在し、毎日新鮮な魚を味わっていたという。小説にも登場した監的哨《かんてきしょう》や神島灯台などを訪ねておきたい。

周辺は急潮の伊良湖《いらご》水道など好漁場に恵まれ、早朝から快音を響かせて出漁する小船で島の漁業は実に活

島を楽しむコツ

- 小説『潮騒』をぜひ読んでから島へ
- 島一周散歩で監的哨や不動石へ
- 海鮮好きなら宿での料理にぜひ期待

DATA

人口426名／面積0.76㎢／周囲3.9km／最高地点171m（灯明山）／鳥羽市観光協会☎0599-25-3019

百名島の名物

豪快に供される“漁師盛り”。魚介好きにはたまらない

日本百名島の旅
加藤のイチオシ

6 ゲーター祭は大晦日の夜の年越し行事。元日の夜明け前の浜辺で、アワと呼ぶ輪を竹ざおで頭上にかざす奇祭

3 古里の浜でワカメ漁を終え、海から上がる海女
4 漁港に揚がったタチウオ。傷みやすい魚なので島外に出荷せず、島内食用となった

5 小説『潮騒』にも登場する旧陸軍施設・監的哨

発。宿に泊まれば、海鮮料理の舟盛りや小鉢が当たり前のように並ぶ。

天然のタイ、イセエビ、アワビ、地ダコ、イカなど、当日水揚げされたものが刺身で供される。神島の民宿では美しい盛り付けより〝どーんと食べて〟という盛りがうれしい。

年越し行事の「ゲーター祭」は見もので、明け方に〝アワ〟と呼ぶ輪を竹で突き上げ、たたき落とす場面は勇壮だ。しかしこれを見るには、早くからの宿泊予約が必要。また、春のワカメ漁解禁などに合わせて島を訪ねてみるのもいいだろう。

アクセス　鳥羽港（佐田浜）市営定期船乗り場から客船で、約40分～45分。

香川県

39

小《しょう》豆《ど》島《しま》

懐かしい日本の風景がよみがえる島

1 池田付近の南側斜面に広がるオリーブ園。温暖な瀬戸内海の気候で植樹から100年を経た現在では日本一の生産量を誇る
2 土鍋で作る温かいそうめん。シンプルな味だが、島の手延べそうめんだからうまい

日本らしい味と香りをたどる

小豆島という名を聞いて、壺井栄《つぼいさかえ》の小説や、映画の『二十四の瞳』を想起する人も多いだろう。瀬戸内海の昔ながらの風情をよく残し、訪ねた人はどこか懐かしい昔にタイムトリップできるような島である。

まず、しょうゆ蔵の建つ町、苗羽《のうま》に足を運んでみよう。それもなるべく朝早く、辺りに朝靄《あさもや》が立ち込めているぐらいのときならば、黒板塀に囲まれたしょうゆ蔵からもろみのとてもよい香りが辺りにあふれ出しているのだ。

よい香りの後は特産の手延べそうめんを堪能したい。夏に冷やして食

島を楽しむコツ

- 温かいそうめんこそが味覚の極意
- 『二十四の瞳』の舞台、岬の分教場へ
- 素晴らしい湯舟の棚田は必見！

DATA

人口30105名／面積153.29㎢／周囲125.7km／最高地点817m（星ヶ城山）／小豆島観光協会☎0879-82-1775

百名島の名物

オリーブ漬け。サラダ、前菜、おつまみなどに人気

4 湿度が低い瀬戸内海の気候は手延べそうめん作りにうってつけ

3 川飯《かわめし》は無縁仏を供養する夏の行事。川原で五目飯を炊いて供える

6 魚介と特産のオリーブオイルで作るカルパッチョ　7 古くからのしょうゆ造りの町、苗羽のしょうゆ蔵

5 湯舟の棚田風景。緑鮮やかな青田の時期になると山の斜面がパッと明るくなる

べるのが一般的なそうめんの食べ方と思い込んでいると、この島ではやや違う。煮立った土鍋から直接箸で取り、つけ汁につけて食べる。歯ごたえのあるこしと香りとつけ汁の旨みで、大きな土鍋一つがあっという間に空になる。これを味わうと、次にそうめんを食べるときは、小豆島風に温かいものを食べたくなるという人も意外と多いかもしれない。

古き良き時代を感じる棚田の景観

標高816メートルの星ヶ城山《ほしがじょうやま》をはじめ島内には原生林をもつ山々が連なる。その山あいには、四季の変化を見せる美しい渓谷、寒霞渓《かんかけい》などもあり、島全体が自然に満ちている。そして、かつての日本であればどこでも見られた田んぼの風景が小豆島では今も健在である。

島の中央部に近い山間集落の湯舟《ゆぶね》を訪ね、昔ながらの田んぼを見てみよう。湯舟山の斜面に広がる棚田の

日本百名島の旅
加藤のイチオシ

8 小説『二十四の瞳』に登場する苗羽小学校田浦分校（映画村のセット）
9 校舎に入り、低い視線で廊下から見るとこういう景観だ

10 映画村の二十四の瞳の像「せんせあそぼ」

景色は眺める角度によって、階段状に作った田んぼがまるで空中に浮かぶようにも見えて不思議である。豊かな山が水源となり、名水〝湯舟の水〟はここから湧き出ている。

おなご先生と12人の子供たち

小豆島へ来た人のほとんどが訪れるであろう場所、それは「岬の分教場」だ。『二十四の瞳』のファンでなくとも、小豆島の中の聖地といってもいい場所である。小説の舞台となった旧苗羽小学校田浦《たのうら》分校は、明治35（1902）年開校当初のまま現存していて、寄棟平屋の校舎からは、何ともいえない風情が漂っている。校舎の中に入り、昔懐かしい木の廊下で背をかがめて歩いてみれば小学一年生のころの目線が一瞬にして蘇ってくる。教室に入り勉強机を前に座ると、白墨、いたずら書きされた黒板、分度器や三角定規などがあり、懐かしさがこみ上げてくる人

11 星ヶ城山中腹から見た内海（うちのみ）湾と田浦半島の夕景。そのもっとも右端近くに岬の分教場がある

も多いだろう。

二十四の瞳映画村には本物と同じ校舎があるほか、壺井栄文学館、映画『二十四の瞳』を終日上映する松竹座も併設され、ここでゆっくり映画観賞も楽しめる。

小豆島には何か日本人が忘れかけてしまった良き時代の面影が今も残されている。そして、それをしみじみと懐かしむことができる時間が流れているようである。

アクセス 高松港から土庄（とのしょう）港へ高速船で約30分、フェリーで約1時間など。ほかに、神戸港からフェリーで小豆島・坂手港へ約3時間10分、姫路港からフェリーで小豆島・福田港へ約1時間40分など。

多島海の中でキラリと光る島

40 弓《ゆ》削《げ》島《じま》

愛媛県

1 弓削港の前には隣の佐島とを結ぶ弓削大橋が架かる　2 炊き上がった“鯛ご飯”。骨とヒレをていねいに取り除き、あとはすべて混ぜ込んで食べる

島を楽しむコツ

- 事前予約して「鯛ご飯」を食べよう
- 食後は法王ヶ原と弓削神社を散策
- 多島海風景は久司山展望台から

DATA

人口2840名／面積8.61㎢／周囲18.0km／最高地点325m（三山）／せとうち交流館☎0897-77-2252

百名島の名物

島の野草をちりばめて作った、おいしい野草クッキー

食材のほとんどは島内産を使う

広島県の尾道沖、瀬戸内海の島々が重なって見える島の超過密地帯ともいえる場所に位置する弓削島は、内海特有の穏やかさと磯の香りが心地よく漂う島である。

近海はタイの好漁場で、以前より減ったとはいわれているが、今でも漁港には形のよい大きなタイがよく揚がる。その獲れたてで鮮度抜群のタイを丸ごと1尾使いきって作る“鯛ご飯”は、弓削島の垂涎の逸品だ。島にやって来たからには、ぜひ食べておきたい。

大きな土鍋にゴボウとニンジン、そして、だしで炊き込んだ鯛ご飯を

日本百名島の旅
加藤のイチオシ

4 弓削港全景。後方の石灰山（219m）から採れた石灰石は、銅鉱石の精錬時に触媒として利用された

3 風光明媚な松林と白い砂浜の法王ヶ原の奥にある弓削神社

6 島で採れる食材を使い、島独特の食べ方を創作するレストラン「しまでCafé」
7 身体によさそうな季節の摘み菜のピラフ

5 広島県の因島とを結ぶ定期フェリーは弓削瀬戸を渡って行き来している

ひと混ぜして食べる。だしの効いたご飯とタイの風味が生み出すおいしさは格別。ウロコを落とした皮付きのタイを丸ごと使ってこそ出せる味である。そんな至福の味わいを楽しむために、繰り返しこの島へやって来る人たちも多いというから、そのおいしさは確かなものだろう。

鯛ご飯でお腹を満たしたら、白砂青松の美しい砂浜、法王《ほうおう》ヶ原《がはら》を歩いてみよう。また標高142メートルの久司《くし》山《やま》展望台から見る集落全景と石灰山の景観もまた、多島海の美しさを楽しめる場所だ。

アクセス　今治港から高速船で約1時間。広島県因島・土生（はぶ）港から高速船で約10分、客船で約30分など。

日本海の孤島に特産品を見つける

41

見《み》島《しま》

山口県

鬼ヨーズ。見島に古くから伝わる、縦約5mほどの大凧。長男誕生の祝いと成長を祈願する

魚も米もうまい〝食材の宝庫〟

萩市の北西約45キロの日本海にあり、漁場にも恵まれ、米も多くとれる豊かな島である。そんな環境にある島だからこそ、島の人々は郷土の味を次々に作り出してきた。その一つ「ブベ汁」は、磯の岩に付いているフジツボやカメノテを入れた味噌汁のこと。磯の香りが強く、波打際の磯も豊かな島なのだということが味わいから伝わってくる。

また、島内産〝見島コシヒカリ〟は海風を受けてうまみを増したブランド米として人気。島で出される食べ物には、ほとんどが島の食材を使っている。次に生み出される味わいが楽しみになる島である。

日本百名島の旅 加藤のイチオシ

すべて島で獲れたもので料理。右前からシロイカの刺身、島内産うるち米のせんべい、イカごはん、ヒジキの煮物、ブベ汁

島を楽しむコツ

- 「ブベ汁」を事前に宿へ頼もう
- 個人宅に保存の「鬼ヨーズ」を拝見
- 本村《ほんむら》と宇津《うつ》の間約3kmを散策する

DATA

人口944名／面積7.73㎢／周囲17.5km／最高地点175m／見島観光協会☎0838-23-3311

百名島の名物

日本の在来牛である見島牛。国の天然記念物に指定

アクセス 萩商港から客船で、見島・本村港へ約1時間10分、宇津港へは約1時間40分。

大分県

42

伝統的な遠洋マグロ漁の島 保《ほ》戸《と》島《じま》

コンクリート3階建ての“マグロ御殿”が建ち並ぶ港前。マグロ漁船は現在出漁中

島の総鎮守、加茂神社の大祭は7月に行われる。“湯立て神楽”が行われ、神輿が海に入るのが圧巻！

日本百名島の旅 加藤のイチオシ

マグロづくしの島のご飯

津久見港の東約14キロ、定期船で25分というちょっとした船旅を楽しんでいると、島の斜面に張り付くように建ち並ぶ民家が目に飛び込んでくる。まずこの光景に圧倒される。保戸島は南太平洋などに展開する遠洋マグロ漁船の島として知られる。そして60隻のマグロ漁船が漁を終えて持ち帰ったマグロの、この島ならではの味わい方がある。それが「ひゅうが丼」。ゴマだれに漬けたマグロのぶつ切りを、あつあつのご飯の上にのせたもので、いかにも漁師飯らしい豪快な食べ方が実にうまい。

島を楽しむコツ

- ひゅうが丼のほかマグロ珍味多し
- 迷路のような石段に冒険心が躍る
- 高台の賀茂神社からの景観は見事

DATA

人口976名／面積0.86㎢／周囲4.0㎞／最高地点179m（遠見山）／津久見市観光協会☎0972-82-9521

百名島の名物

ゴマだれ漬けのマグロをのせた「ひゅうが丼」

アクセス　津久見港から高速船で約25分、保戸島港へ。

八重山諸島の基点、そして食の島

43

石《いし》垣《がき》島《じま》

沖縄県

1 川平（かびら）湾の魅力はマリンブルーの海と点景となる緑の島、そして白砂のビーチのコントラストの美しさである
2 絶品の石垣牛にぎりずし（手前左）、カジキマグロとキハダマグロ（手前右）、豆腐チャンプルー（右後）、メジマグロのあぶり（左後）

海遊び以上に上等な肉と魚を味わう

沖縄本島の南西約400キロ。以前から肉牛の島として知られていたが、全国的に「牛肉の石垣島」として知名度を上げたのは平成12（2000年）に沖縄で開催されたサミットのときだ。その晩餐会で世界の首脳に供されて好評を博したといわれ、以後「石垣牛」はブランド牛として登録された。

八重山で生まれた純粋の黒毛和牛で、なおかつ八重山の島々で20か月以上育てられていることがこのブランド牛の条件。ステーキはもちろん、その肉質はにぎり寿司のネタになるほど上質で評判がよい。

島を楽しむコツ

- 島一周観光はレンタカー6時間
- 北の平久保崎で最果て気分を味わう
- 「公設市場」で島の恵みを見つける

DATA

人口48802名／面積222.54㎢／周囲162.2km／最高地点526m（於茂登岳）／石垣市観光協会☎0980-82-2809

百名島の名物

特別天然記念物のタカ科絶滅危惧種「カンムリワシ」

5 玉取崎展望台からの景観。はるか先端に見えるのは石垣島の最北端、平久保崎である

3 イノシシ肉炒め。冬場に新鮮な肉が入るとすぐ売れてしまう　4 各地区にある島野菜の売店には採れたばかりのものが並ぶ

7 港の横にある魚屋に石垣島沖で獲れたばかりのメジマグロが入荷すると、その場ですぐにさばかれて売られる

6 完熟石垣パインは夏の石垣島の味覚で、観光パイン園には多くの人が訪れる

一方海では、近海もののキハダマグロなどがおいしい。港に揚がるとすぐに解体されて売りさばかれ、それら鮮度のよいものが当日のうちに市内の飲食店に出回るので、郷土料理店に行けば間違いなく味わえる。また、冬の猟期にうまく当たればイノシシ肉の料理を食べられることもある。夏の石垣パインや、地元の売店に並ぶ野菜も味わいたい。

　石垣島はマリンレジャーや見どころも充実していて、南国リゾートの印象を抱く人も多いかもしれないが、食べ物も豊かで上等な島である。

アクセス　那覇空港から石垣空港へ約1時間、東京・羽田空港から直行便で約3時間15分、大阪・関西空港から直行便で約2時間30分など。

台風とサトウキビの島

44

南《みなみ》大《だい》東《とう》島《じま》

沖縄県

島を楽しむコツ

- ナワキリとキハダマグロを食べる
- サトウキビ景観を日の丸山展望台で
- 星野洞は壮大で素晴らしい鍾乳洞

DATA

人口1295名／面積30.57㎢／周囲21.2km／最高地点75m／南大東村役場産業課 ☎09802-2-2037

百名島の名物

島の料理屋の定番料理「ナワキリのバター焼き」

1 島の周りは数千mの深海なので、港を出ればこのキハダマグロなどの回遊魚がすぐ獲れる
2 砂浜がまったくない島。台風が近づくと港には荒れ狂う波が押し寄せる

沖縄文化と異なるおもしろさ

台風情報の際に南大東島の名前を耳にしたことがある人も多いかもしれない。実は沖縄の中でもちょっと異色の島である。沖縄本島の東約360キロの洋上にぽつんとあるこの島は、明治33（1900）年までは無人島だった。そこへ八丈島から開拓者が入り、サトウキビを栽培して興した製糖産業は、110余年経った今日もこの島の主産業として続いている。

八丈の移民で始まったこの島の特徴といえば、島のすべてがあまり沖縄らしくないところである。たとえば琉球瓦の屋根はなく、そこに載っ

6 南大東島のサトウキビで作る正真正銘のラム酒は静かな人気を呼んでいる

3 日の丸山展望台に立つと見渡すかぎりのサトウキビ畑の風景が見られる。雄大でまっ平らな島だ

日本百名島の旅
加藤のイチオシ

7 集落の中心は在所。宿、食事の店、居酒屋などほぼすべてはここにある

4 手打ちでコシの強い麺と玉子焼きがポイントの大東そば　5 インガンダルマという魚の揚げ物はおいしいが、脂が多いので食べすぎに注意

ているはずのシーサーも見かけない。また、島内のほぼ全部がサトウキビ畑という景色は、島というよりもどこか北海道の大地のように感じられる。しかも、かつてはサトウキビの運搬用にディーゼル鉄道が走っていたこともあるという、沖縄の島の中でも、まさに異色の島なのだ。

味わい方も豪快なのが大東流

民宿に泊まり、運よく獲れたばかりのキハダマグロの刺身が食膳に上ることがある。その厚みはなんと1センチ以上もある。この島では薄く切った魚は刺身と呼ばないというから豪快だ。その獲れたての生マグロを嫌というほど食べられるチャンスは、海がシケないかぎり結構あるので期待できる。

島の人が好んで食べる魚にナワキリがある。体長が70センチほどあるクロシビカマスという名の深海魚の一種だ。バター焼き、塩焼き、刺身、汁

8 島内に数多くある鍾乳洞の中でも最大の星野洞には、石柱や石筍、ケープカーテンなどの鍾乳石が洞内400mにわたってある
9 南大東島の“島バナナ”は沖縄のどの島で見たものより房が大きく、甘みが強い。島の人が食べるためにサトウキビの脇でこっそり作っている
10 南大東島の固有種で国指定天然記念物のダイトウオオコウモリ

物など、どんな料理にしてもおいしく食べられる〝南大東島の素材の王様〟といえる万能の魚である。

もう一つ、島の名を冠したものとして大東そばがある。れっきとした沖縄そばだが、麺は太めの平打ちで歯ごたえがしっかりしている。その上には玉子焼きが載り、カツオ節のだしが効いたうまいそばである。

沖縄にあって沖縄らしからぬ雰囲気と風土、そして文化をもった南大東島。この島はそんな独特の魅力を見つけながら旅してみると、とくに印象深い一島となるだろう。

アクセス 那覇空港から南大東空港へ約1時間10分。フェリーだいとうは、那覇・泊港（または那覇新港）から約15時間、月に約6便（年間70航海予定）。

第4章
のんびり癒やしの島

南国の日差しは何もかもを鮮やかに映し出す（竹富島）

日本海では東北唯一の島

45 飛《とび》島《しま》

山形県

日本百名島の旅 加藤のイチオシ!!

1 日本海側のイカの名産地である。夏は朝早くから浜辺や港近くでイカ干し作業が始まる

2 「テキ穴」と呼ばれる、大昔に人が住んでいたといわれる洞穴。ちょっと不気味な穴である

イカ釣船にイカ干しが島の原風景

酒田市の北西約40キロにあり、最も高い場所でも68メートルという、山らしい山がない平坦な島である。

日本海のこの海域は、島が少ないため、北前船による交易の時代には中継港や避難港として飛島は重要な役割を担っていた。北は蝦夷《えぞ》から日本海沿岸、そして瀬戸内や大坂などのさまざまな文化が北前船によって伝えられたといわれる。

その中に、飛島の伝統的調味料として約300年の歴史をもつ魚醤《ぎょしょう》がある。イカの肝臓と塩で作る独特なもので、これはおそらく能登あたりから伝わってきたものではないかと

島を楽しむコツ

- 獲れたての新鮮なイカを堪能する
- 八幡崎から日本海の景色を遠望
- 6月〜7月はトビシマカンゾウの花期

DATA

人口242名／面積2.70㎢／周囲12.0km／最高地点68m／酒田市観光物産課☎0234-26-5759

百名島の名物

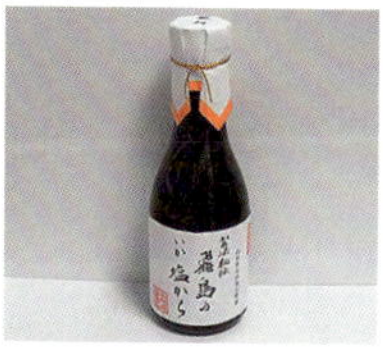

飛島の名産・魚醤を使ったイカの塩辛などの製品も

6 島で唯一の小松浜海水浴場は酒田市から夏休みを利用して遊びに来る人が多い

3 海難者や亡くなった子供の霊が集まるという賽の河原。供養のために積まれた石の塔が海辺まで続く

7 北端の八幡崎は島の展望地で、高台からは北の日本海が見渡せる。その八幡崎の手前には八幡神社がある

4 トビシマカンゾウは飛島と佐渡島に自生する。6月～7月が花期　5 イモがよく育つ島。これはサツマイモ畑だが、特産のゴドイモ(ジャガイモ)は有名

考えられている。このように飛島では、よそから渡って来た文化や自然をいろいろ探してみるのもおもしろい。食べ物、野鳥、祭、神社、言葉など興味深いものが多い。

また、島内はレンタサイクルで見て回るとちょうどいい。まずは港のある勝浦から北の端の八幡神社と展望地へ行き、内陸を走りながら荒崎海岸や、南の端の賽《さい》の河原《かわら》まで向かう。島に泊まるなら、日本海に沈む夕陽を眺めるのもまた格別。賽の河原から北へローソク岩あたりはその絶景ポイントだ。

アクセス　酒田港から客船で約1時間15分、飛島港へ。

1 地鉈温泉で潮騒を聞きながら湯につかる癒やしの時間。湯加減のいいときをねらおう

46 式《しき》根《ね》島《じま》

伊豆諸島一の温泉天国を楽しむ

東京都

日本百名島の旅 加藤のイチオシ

湯加減は潮加減という温泉を満喫

東京都心から南へ約160キロにある、伊豆諸島の島の一つ。とにかくじっくり体を休めたいと思ったら式根島がいい。この島には海辺にこんこんと湧く温泉があるからだ。

島にある温泉の一つ、地鉈《じなた》温泉は海べりの谷間にある硫化鉄泉の温泉だが、ここへ行く前にちょっと不思議な場所へ寄っておこう。地鉈温泉へ向かう途中の道路脇に「湯加減の穴」という穴がある。ここに手を差し込んでみると、海ぎわの温泉から200メートル以上離れていても、湯船の温度を確かめられるといわれている。地鉈温泉は潮の干満によっても湯船

島を楽しむコツ

- 3か所ある温泉にゆっくりつかる
- キンメダイ料理は民宿に事前予約
- 伊豆諸島の景色は神引展望台から

DATA

人口554名／面積3.69㎢／周囲12.2km／最高地点109m／式根島観光協会☎04992-7-0170

百名島の名物

地鉈温泉の湯温を離れた場所で確認できる湯加減の穴

4 伊豆半島や伊豆諸島でよく獲れるキンメダイも、式根島近海のものは特大である

2 野伏港に揚がった特大のイシナギ(スズキ科)　3 足付温泉は炭酸泉で無色透明の湯。湯壺がいくつかあるので、適温の場所を選んで入れる

6 式根島に高い山はないが、神引(かんびき)展望台からはほかの伊豆諸島の島々がよく見える

5 泊海岸は扇子を広げたような形の真っ白な砂浜

の状態が変わるため、目安の一つとしてこの穴でチェックしてみるのもおもしろいだろう。

さて、湯加減の穴を過ぎ、その名の通り地面を鉈で割ったような谷間を下りていくと、海べりの大小ごつごつした岩場の地鉈温泉がある。岩場の湯壺に海水が入り、適温の場所を探して入るのである。波打ち際の野趣に富んだ温泉で、時間を気にせず、ただただ癒やされるというのも最高の贅沢だろう。

アクセス　東京・竹芝桟橋から客船で約9時間5分（曜日によって横浜港に寄港する便もあり）。高速船で竹芝桟橋から約3時間35分。新島B堤から連絡船で約10分。

三河湾と伊勢湾の風光を望む島

47

日《ひ》間《ま》賀《か》島《じま》

愛知県

1 蛸阿弥陀如来像で知られる安楽寺。立派な山門の下でしばし寺のたたずまいを楽しむ

島の社寺と迷路を探索して楽しむ

伊勢湾に突き出た知多半島の先端、師崎《もろざき》から約2キロにある島で、名古屋や豊橋からのアクセスがよいため、多くの観光客がやって来る。

島内にはホテルが建ち並び、狭い路地には飲食店が多く軒を連ね、まさに繁華街を思わせる。しかも、その狭い路地が込み入っているのが奇観で、この〝迷路〟のような町並みを歩くと楽しい島である。

不思議なことに、小さな島なのに社寺が六つもある。一つの寺を除きすべて島の東地区にあり、それぞれに由緒があるという。

どちらが海側かもわからなくなる

島を楽しむコツ

- 資料館で日間賀島について深く知る
- 安楽寺住職に寺の由来を聞いてみる
- 迷路のような路地を徒歩で巡る

DATA

人口2096名／面積0.77㎢／周囲6.6km／最高地点32m／日間賀島観光協会☎0569-68-2388

百名島の名物

シラス加工の島ならではの味覚「シラス丼」は絶品！

5 約2mほどの道幅の路地は直線ならば方向感覚を失うことも少ないが、短い距離で折れ曲がるとたちまち迷路状態に

日本百名島の旅 加藤のイチオシ

2 西港の前には土産物店と飲食店が密集して建ち並ぶ

3 鯖大師。毘沙門天も奉られており、本堂奥には鯖大師が鎮座する　4 東港から歩いて西港近くの高台にさしかかる。ここから港までまだまだ迷路は続く

6 日間賀島資料館では古くから特産のタコに関しての展示が詳しいので必見　7 西港にあるタコのモニュメント

ような迷路を抜け、まず安楽寺を探し当てたときは感激する。重厚な瓦葺きの山門は風格があり、そこで住職さんと目が合えば「蛸《たこ》阿弥陀如来像」にまつわる大ダコと阿弥陀如来の伝説を講釈してくれることも。できればほかの社寺も巡礼してみよう。

また、安楽寺から徒歩で10分のところに伝統漁法や暮らしなど民俗学の宝庫といわれたこの島の資料を展示する「日間賀島資料館」があるのでぜひ見ておきたい。

アクセス　南知多町・師崎港から客船で約20分。または、美浜町・河和(こうわ)港から客船で約20分など。日間賀島には西港と東港があり、どちらかにしか寄港しない便もあるので注意。

湖の中でボタンが咲き乱れる島

48 大《だい》根《こん》島《じま》

島根県

島にボタンの花が伝わって約300年。火山の息吹とともにこの島には歴史が詰まっている

平坦な島に残る火山の痕跡

松江市から米子市に広がる汽水湖の中海《なかうみ》にある島。広大な平地では一面にボタンが栽培され、一斉に咲く5月ごろはまさに圧巻。ボタンの日本庭園「由志園《ゆうしえん》」もあり、年間を通してボタンの観賞ができる。島では高麗ニンジンの栽培も盛んである。

平坦な島だが、中央部には標高42《メートル》の火山、大塚山がある。この山の活動によって約20万年前にできた天然記念物の「第2溶岩トンネル」は竜の住処《すみか》になぞらえて竜渓洞と呼ばれ、冒険心がくすぐられる場所だ（内部見学については欄外参照）。

“溶岩トンネル”は海底火山の噴火で島ができたとき、流れ出た溶岩でできた洞穴である

日本百名島の旅 加藤のイチオシ

島を楽しむコツ

- 4月下旬〜5月中旬がボタンの見ごろ
- 溶岩トンネル内は見学できる
- 最高地点・大塚山からの展望も良好

DATA

人口3470名／面積5.36㎢／周囲12km／最高地点42m（大塚山）／松江観光協会八束町支部☎0852-55-5822

百名島の名物

高麗ニンジン製品の飴玉や粉末がポピュラー

アクセス　JR松江駅から松江市営バス八束町行きで約40分。JR境港駅からも八束中央行きのコミュニティバスなどがある。第2溶岩トンネル（竜渓洞）見学は、門脇和也氏☎090-3178-2483へ要予約。

良き日本の島の情緒を残す

49

出《て》羽《ば》島《じま》

徳島県

鈎(かぎ)状になった天然の内湾に面して、港とのどかな雰囲気の集落がある

日本百名島の旅 加藤のイチオシ

中央に見えるのが閉まった状態の“ミセ”。手前に下げて縁台にし、涼んでいる光景も

昔、夏休みに遊んだような感覚の島

四国東南部の町、牟岐《むぎ》から4キロ、太平洋の雄大な景観の中にある島。出羽島へはわずか15分の船旅でも、未知の場所を旅するわくわく感がなぜか一気にかき立てられる。

島に着いたらまずはぶらりと一周。港から続く狭い道の両側には、〝ミセ〟という縁台と雨戸を兼ねた板戸(蔀帳)の付いた家々が並び、さらに歩くと灯台にたどり着く。ここが島一周の中間点でとても素晴らしい景色だ。1時間ほどで港へ戻ってくるだけで、懐かしさが身に染みている。それがこの島の良さかもしれない。

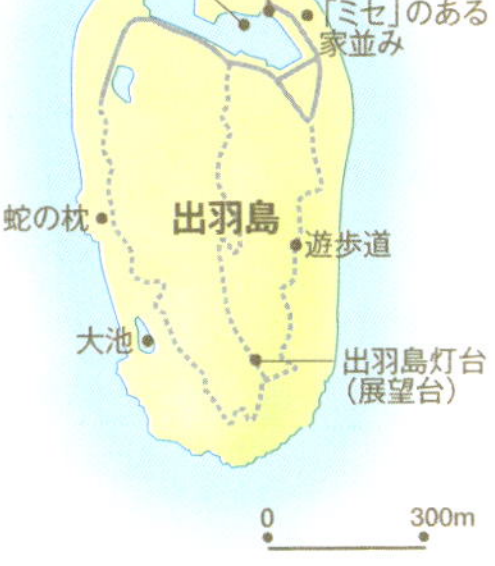

島を楽しむコツ

- 出羽島独特の“ミセ”のある風景
- 遊歩道を約1時間歩いて島内一周
- 島の人に島の話を聞いてみよう

DATA

人口104名/面積0.65㎢/周囲3.1km/最高地点76m/牟岐町産業課☎0884-72-3419

百名島の名物

島の周りで採れたテングサは港の前で広げて干す

アクセス　牟岐港から客船で約20分、出羽島港へ。

高知県

50

急斜面にはりつく家並みが印象的

沖《おき》の島《しま》

1 母島集落。石垣で固めた急傾斜地に家々が建ち並ぶ景観は見事だ
2 夏、夕暮れの中の母島港。沖合の島は鵜来島（うぐるしま）

島を楽しむコツ

- 母島集落は階段を歩いてくまなく探索
- スノーケリングセットがあれば良し
- 母島～弘瀬はのんびり徒歩で約4km

DATA

人口211名／面積9.99㎢／周囲20.0km／最高地点404m（妹背山）／宿毛市観光協会☎0880-63-0801

百名島の名物

ひたすら続く石段。沖の島に平坦な道はほとんどない

黒潮の真っただ中にある階段の島

宿毛《すくも》市の南西約25キロにある島。急傾斜の山肌に石垣をめぐらした独特な集落と畑の景観は、狭い土地で人々が暮らしていくための知恵と工夫が凝縮されている。

その集落の家々を縦横無尽に結ぶ階段はまさに沖の島の名物で、のんびりと散策しながら気に入った場所の階段に腰かけ、スケッチブックを広げてみるのもいい。

夏休みに訪れる海水浴客は、母島《もしま》港に着くと定期船から小船に乗り換え、1キロほど南にある「うどの浜」へ直行する。島内を車で行くより船のほうが早いからだ。黒潮の影響を

6 西海岸の景観ポイントは七ツ洞。荒波に削られた白い海食崖が青い海とのコントラストを見せる

3 4 弘瀬集落の荒倉神社。その正面両側にある阿吽の狛犬はなかなか滑稽である。また、その下に置かれたシャコ貝も立派で目を引く

7 約7.5km離れた鵜来島から見た沖の島。周辺の海は黒潮の流れで暖かく、海中ではサンゴも確認されている

5 住居と同様、段々畑も急斜面を開墾し石垣で固めて作ったもの。水やりは大変な作業だが、サトイモなどがよくとれる

受けるうどの浜は水温が高く、澄んだ海中にはサンゴも見える。そして体が染まりそうなほど美しいマリンブルーの海。そこで1日のんびり海遊びをするのもなかなかいい。

島には母島と弘瀬の二つの集落がある。少し足を延ばして弘瀬の荒倉神社に行くと、味わい深い顔をした〝阿吽《あうん》〟の狛犬が鎮座している。その下には大きなシャコ貝が対で置かれていて愛らしい。

2か所ある西向きの港は、夕日を見るベストスポット。釣り竿を持って港へ行き、夕日とアジゴ（小アジ）釣りを同時に楽しむのもいい。

アクセス 宿毛市・片島港から客船で、母島港へ約50分、弘瀬港へは約1時間5分。鵜来島経由の場合は所要時間が異なる。

ハマユウ咲く浜辺に美しすぎる灯台

51

角《つの》島《しま》

山口県

白砂といい、海の色といい、南太平洋の海を思わせる「しおかぜコバルトブルービーチ」

橋で結ばれた先には美しい世界が

下関市豊北町《ほうほくちょう》の北西約１・５キロにあり、１７８０メートルの角島大橋が架かる平坦な島。島の中央部には「しおかぜコバルトブルービーチ」があり、南国のような浜辺が日本海の島で見られることに驚かされる。また、角島へ来たら、ウニやイカ刺しなど海の幸も味わいたい。

そして必ず訪れるべきところは、島の西端にある角島灯台。多くの日本の灯台を手がけた英国人設計技師ヘンリー・ブラントンによって建てられた灯台だ。凛として立つその姿は見飽きることがないほど美しい。

角島灯台は総御影石《みかげいし》造り。日本海側では日本初の洋式灯台で、日本の灯台50選の一つ

日本百名島の旅 加藤のイチオシ

島を楽しむコツ

- 角島灯台と灯台記念館をぜひ見学
- 夏に灯台近くで咲くハマユウは圧巻
- 牧崎風の公園で雄大な景色を眺める

DATA

人口840名／面積3.94㎢／周囲17.1km／最高地点66m／下関市豊北町観光協会☎083-786-0234

百名島の名物

角島灯台付近には、ハマユウの群生地がある

アクセス　JR山陰本線・特牛(こっとい)駅からバスで約20分、角島へ。

長崎県

52

生《いき》月《つき》島《じま》

キリシタンの聖地と大断崖の絶景

塩俵の断崖の柱状節理は、玄武岩の溶岩流が冷却してできたものである

日本百名島の旅 加藤のイチオシ

のどかな集落風景の中にある山田教会。キリシタンの島を物語る景色である

近年まで存在した隠れキリシタン

平戸島の西北約1キロ、生月大橋によって平戸島と結ばれている島。

安土桃山時代のカトリック布教以降、キリシタンの島として迫害を受けながら今日に至る。島内にはアントー様、サンパブロー様などキリシタン殉教の聖地が数か所ある。また、生月町博物館・島の館も、島の文化や歴史を知るのにいい場所だ。

なお、北部西海岸の塩俵《しおだわら》の断崖は、柱状節理が生み出す断崖景観が約1キロにわたって続く。一方、島の南西側にある山頭《やまがしら》草原はのどかな放牧場で、五島列島方面の眺望もいい。

島を楽しむコツ

- 生月町博物館・島の館はぜひ見学を
- 山頭草原ではダンボールで草すべり
- アゴ(トビウオ)だし料理を味わう

DATA

人口6281名／面積16.55㎢／周囲28.6km／最高地点286m（番岳）／平戸市役所生月支所☎0950-53-2111

百名島の名物

島の米がうまい。斜面を上手に利用して拓いた棚田

アクセス 生月大橋経由で平戸桟橋からバスで約33分、生月島・舘浦へ。平戸大橋からは車で約30分。

風光明媚な海岸は南九州随一

53 上《かみ》甑《こしき》島《じま》

鹿児島県

1 鍬崎池（くわざきいけ）付近から見た長目の浜。幅約50m、長さ約4kmにわたる“海の中道”だ
2 里港のイカ干し風景。特産にはキビナゴがあるが、一年を通してイカもよく揚がる

潮の香りや波の音が五感を醒ます

九州の南西部、鹿児島県の串木野港から西の海上約35キロにある島。

ちょっとのんびりしてみたいと思ったら、上甑島でまず行くべき場所がある。それは長目《ながめ》の浜。最も景観のよい「長目の浜展望所」に立てば、海岸線に沿って白い一本道のように延びる砂州（砂礫州）と湖沼群が、大俯瞰の光景として眼下に広がる。

ここからの景色も美しいが、その〝白い一本道〟のところへも下りてみよう。鳥のさえずりや波の音などに、心が研ぎ澄まされたような気分になる。

東側にある里地区は島の玄関口で

島を楽しむコツ

- 長目の浜は浜辺に下りて歩くべし
- 里集落のトンボロ地形も独特な風景
- この島由来の甑大明神に参詣

DATA

人口2439名／面積45.09㎢／周囲81.1km／最高地点423m（遠目木山）／薩摩川内市観光協会甑島案内所 ☎09969-6-3930

百名島の名物

甑島の名の由来となった甑大明神

日本百名島の旅
加藤のイチオシ

3 一向宗を禁じた薩摩藩の役人の目を逃れ、山中に隠れて念仏を唱えたと伝わる場所・隠山（かくれやま）

6 長目の浜は展望所から見ると白い砂浜のように見えるが、実際に立ってみると砂浜ではなく白っぽい小石の浜であることがわかる

4 里地区にある武家屋敷の玉石垣　5 写真中央の岩が、取っ手の付いたせいろう（蒸籠＝甑）の形に見えることから甑島の名が起こった

もあるが、集落全体がトンボロ（陸《りく》繋砂州《けいさす》）の上にあるという変わった町だ。集落内には玉石をきれいに積んだ武家屋敷の町並みが続く。台風にも動じない自然物を生かしたこの塀は、いかにも南国薩摩らしい重厚な印象を受ける。

甑島という島名の由来となった甑大明神は、島の南側、中甑島へと通じる橋のたもとにある。このあたりの海岸美も、長目の浜とは趣が異なるがなかなかいい。

アクセス　串木野新港から上甑島・里港へ、フェリーで約1時間30分、または高速船で約55分。

鹿児島県

54

奄美の原風景を色濃く残す島

加計呂麻島《かけろまじま》

1 於斎集落にあるガジュマルの森。西日に照り輝くと神々しさすら感じるほど、大きくそして枝ぶりが見事

2 東部北岸、諸数(しょかず)集落にある美しいビーチ「スリ浜」

島を楽しむコツ

- 妖怪ケンムンが棲むガジュマル探し
- レンタカーで入江を一つずつ訪ねる
- 800年の芸能、諸鈍シバヤを観劇

DATA

人口895名／面積77.39㎢／周囲147.5km／最高地点326m（加崎岳）／瀬戸内町観光協会☎0997-72-4567

百名島の名物

バンジロウ（グァバ）。ほんのり甘く芳香漂う果実

浦々の集落景観を訪ね歩く

奄美大島の南部に、約2キロほどの大島海峡を隔ててあるのが加計呂麻島である。島の周囲は複雑に海岸線が入り組み、その浦々には美しい白砂のビーチや集落が点在している。それらの集落ごとに異なった文化や雰囲気を見て回るのが加計呂麻島の旅の楽しみ方ともいえる。

奄美群島では、ガジュマルの木にはいたずら好きな妖怪〝ケンムン〟が棲むという伝説がある。その伝説を彷彿させるガジュマルの森が、島の中央南岸の集落・於斎《おさい》の海辺にある。とてもいい雰囲気の木で、ハンモックで昼寝をしたい気分になる。

4 諸鈍シバヤの最後の演目はダイナミックな太鼓と踊りの「タカキヤマ」

3 諸鈍シバヤの演目「サンバト」に使われる、翁のカビディラ（紙の面）

6 島尾敏雄文学碑。第二次大戦末期、島尾はこの地に特攻魚雷艇の指揮官として赴任。その後の文学作品に大きな影響を残した

7 島の雑煮。2種の雑煮と刺身を揃えた正月料理を「三献（さんごん）」という

5 島内を巡回する移動図書館。木陰のある広場などに停まって本の貸し出しをする

ここでは渚に寄せては返す波もどこかのんびりと感じる。

島の東側にある諸鈍《しょどん》の海岸には樹齢300年といわれるデイゴの並木があり、5月〜6月の開花期は真っ赤な花が咲いて美しい。そして旧暦の9月9日には、諸鈍の大屯《おおちょん》神社で「諸鈍シバヤ」という郷土芸能が行われる。800年の歴史をもつといわれるこの行事は、昔ながらの村祭りの趣があり、奄美の原風景を感じられる貴重な文化遺産だ。

アクセス　奄美大島・古仁屋（こにや）港からフェリーで瀬相（せそう）港へ約25分、生間（いけんま）港へ約20分。そのほか、古仁屋港に停泊している海上タクシーを利用。

1 全長約3500mの昇竜洞。洞内には“横綱の化粧まわし”などと名付けられた鍾乳石もある

花とタラソテラピーの島

55

沖《おきの》永《え》良《ら》部《ぶ》島《じま》

鹿児島県

季節を先取りする花に癒やされる

鹿児島市の南西約450キロにある、冬でも温暖な島である。その環境を利用して発展したのが農業だ。島内の広大な農地では、サトウキビや観賞用植物の栽培などが行われている。

ここではその農業、とりわけ花卉《かき》栽培を見て歩くといい。キクやソリダゴ、グラジオラスなどがハウス内で花期を先取りして育てられている。栽培中のハウスは生産者にひとこと断れば大抵の場合見せてもらえるので、声をかけてみよう。真冬に行けば一足先に春を感じるだろう。

沖永良部島は隆起サンゴ礁の島であるため、島内にいくつか鍾乳洞が

島を楽しむコツ

- 花卉栽培のハウス内を見せてもらう
- 東洋一の鍾乳洞「昇竜洞」を見学
- タラソおきのえらぶで海水温浴

DATA

人口13588名／面積93.65㎢／周囲55.8km／最高地点240m（大山）／沖永良部島観光連盟☎0997-92-0211／知名町役場企画振興課☎0997-93-3111

百名島の名物

気品漂うエラブユリ。沖永良部を代表する花の一つ

5 国頭（くにがみ）小学校校庭には見事な枝ぶりのガジュマルがある。子どもたちの成長を見守り続ける名木だ

2 鮮やかな黄色がまぶしいキク科の花、ソリダゴ　3 海を見ながら入れる「タラソおきのえらぶ」のジャグジーは開放的

日本百名島の旅 加藤のイチオシ

7 フーチャと呼ばれる隆起サンゴ岩の洞窟

6 15世紀に沖永良部島を統治していた世之主（よのぬし）の墓

4 島で栽培される仏手柑で作る「ブッシュカンのたまり漬」

ある。中でも、標高240メートルの大山の中腹にある昇竜洞《しょうりゅうどう》は一般に公開されていて、島の内部に深く潜って“太古の地底世界”を探検するおもしろさがある。洞内には豊富な水が流れていて、数々の滝なども形成している。真夏でも涼を感じられるところである。

島を歩き回った後は海水の温浴施設「タラソおきのえらぶ」で過ごすのもいい。太平洋を眺めながら、ゆっくりと体を休ませてみよう。

アクセス　鹿児島新港から奄美大島、徳之島経由のフェリーで約17時間30分、和泊（わどまり）港へ。ほかに知名（ちな）港へ着くフェリーもあり。空路は、鹿児島空港から約1時間15分など。

日本百名島の旅
加藤のイチオシ

56

奄美最南端のサンゴ礁の楽園
与《よ》論《ろん》島《じま》

鹿児島県

1 エメラルドブルーの美しい海。茶花から近い品覇海岸
2 海に続く真っ白い道にクマゼミの鳴く木々、アダン、サトウキビ。与論島を象徴する風景

南の島の空気と時間、海を楽しむ

鹿児島市から南西へ約500キロ、すぐそばの沖縄に手が届きそうな奄美群島最南端に位置する島である。

まず、与論島は絶対に夏に行くべきである。そこには本物の南の島でしか感じることができない風や音、そして色彩があるからだ。

港で船を降りると、いきなりクマゼミのやかましい鳴き声の洗礼を受ける。海へ続く道は石灰岩を砕いて敷いたまぶしく白い道。目にしみる真っ赤なハイビスカスの花。沖で白波を立てるリーフから渡ってくる潮風——。与論島の夏は、そんな南の島の心地よさが全開モードなのだ。

島を楽しむコツ

- 大潮の日をねらい百合ヶ浜に上陸を
- 与論城跡から全島の眺望を堪能
- 夕日は空港近くの兼母《かねぼ》海岸が最高！

DATA

人口5513名／面積20.49㎢／周囲23.65km／最高地点97m／ヨロン島観光協会☎0997-97-5151

百名島の名物

祝いのときなどに出される酒のつまみ「なまし」

5 豊作祈願と島の安穏を願う与論十五夜踊りが年に3回、琴平神社と地主（とこぬし）神社に奉納される。踊りは昼から夜にかけて延々と野外で演じられる

3 15世紀ごろに築かれ、未完成に終わったといわれる与論城の石垣が今もそのまま残る

6 島内でもっとも眺望のよい与論城跡からの景観。晴れた日は沖縄本島や伊是名（いぜな）島、伊平屋（いへや）島などが見える

4 与論十五夜踊りの“一番組”がかぶる面

ひとまずは海へ行ってみよう。大潮の干潮時ならば大金久《おおがねく》海岸の沖に〝幻の砂浜〟と呼ばれる百合ヶ浜《ゆりがはま》が海から顔を出しているかもしれない。また、海の透明感に心洗われるような品覇《しなは》海岸もいいだろう。

もともと多くの人がゆっくりした時間を楽しむためにやってくる島である。それを知ってか、島の人々もあまりせかせかした応対をしない。どこでぼんやりとしていても何もいわれない、そんな島時間が心地よいのだ。ここはやはり楽園である。

アクセス　鹿児島新港からフェリーで約19時間40分、沖縄・那覇港からは4時間50分など。空路は、鹿児島空港から約1時間20分、那覇空港からは約40分。

豊かさとのどかさが心地よい島

57

久《く》米《め》島《じま》

沖縄県

1 比屋定にある太陽石（ウティダイシ）は農作業の時期を知るための石
2 比屋定バンタから見た北東海岸線の景観。はるか遠方は“はての浜”

島を楽しむコツ

- 東部の真謝でフクギ並木を見る
- 琉球最古の上江洲家住宅を見学
- 大海原の絶景なら比屋定バンタ

DATA

人口8526名／面積58.94km²／周囲47.6km／最高地点310m（宇江城岳）／久米島町観光協会☎098-896-7010

百名島の名物

芳醇な香りで沖縄を代表する泡盛「久米仙」の酒造所

のんびりとした雰囲気の農業の島

沖縄本島から西へ約１００キロほどの位置にある島。２００メートル前後の緑豊かな山々が連なり、沖縄では珍しく水が豊かで、昔から米作りが盛んだったといわれる。

久米島へ来たら、まず東部にある集落、真謝《まじゃ》を訪ねてみるとよい。静かな集落内を通る道の分離帯として、40メートルにわたって見事な「真謝のフクギ並木」がある。もともとは屋敷林だったものが、道路拡張によって表に取り残されてしまった格好だが、実に美しい雰囲気のある並木道となっている。また、真謝は「紬《つむぎ》の里」ともいわれ、ときおりどこからとも

3 代々地頭代を務めた上江洲家の屋敷は、その7代目が宝暦4（1754）年に建てたもの。国指定重要文化財である

5 真謝のフクギ並木。「チュラ（きれいな）フクギ」という名で親しまれる　6 島の中央部にある兼城港。那覇とを結ぶフェリーはここに発着

4 地面を這うように枝を広げる五枝の松は樹高6m、幹の太さは約4m。樹齢は推定250年のリュウキュウマツである

なく久米島紬の機織《はたおり》の音が聞こえるのどかな場所。その音に耳を傾けながら、辺りを散策してみよう。

島の西部では、現存する沖縄最古の民家・上江洲《うえず》家の屋敷や、立派な枝ぶりの五枝《ごえだ》の松なども見逃せない。また、北東海岸にある比屋定《ひやじょう》バンタにある展望台からの眺望も開放感にあふれている。バンタとは断崖の意味で、洋上はるかに白い砂浜の無人島、〝はての浜〟などを望むことができる。

アクセス　那覇・泊港から渡名喜島（となきじま）経由のフェリーで約3時間20分、久米島・兼城（かねぐすく）港へ。空路は、那覇空港から久米島空港まで約35分。

美しい砂浜と伝統行事の島

58

宮《みや》古《こ》島《じま》

沖縄県

1 点滅する東平安名崎灯台を見ながら、荘厳な日の出を楽しもう
2 ブルーとエメラルドと白砂の砂山ビーチは沖縄屈指の美しい海岸

一つの島で朝日と夕日の絶景を見る

沖縄本島の南西約280キロにある宮古諸島最大の島。飛行機で上空から眺めるとサトウキビ畑と赤土の畑、白い道のコントラストが美しい。

島の南東には細長く1本突き出た岬、東平安《ひがしへん》名崎《なざき》がある。その岬の幅はわずか百数十メートルで、先端に立てば300度以上の海のパノラマ景観が見られる場所である。早朝まだ暗いうちに起きて、この岬で見る日の出はとくにお勧めしたい。レンタカーか予約の送迎タクシーで岬へ行き、朝日を待つと、群青から紫、オレンジ色へ刻々と空の色が変化する素晴らしい光景が見られる。やがて水平

島を楽しむコツ

- 早起きして朝日を見に東平安名崎へ
- 美しい3大ビーチをハシゴする
- 西平安名崎で夕景の海と船を眺望

DATA

人口48311名／面積159.05㎢／周囲131.2km／最高地点113m／宮古島観光協会☎0980-73-1881

百名島の名物

2月～5月、刈り取り直後のサトウキビジュースは美味

5 パーントゥの面（レプリカ） 6 つる草をまとい、身体じゅうにヘドロを塗った泥神3体が暴れまわって厄を払う「パーントゥ」は晩秋の最大行事。北部の島尻地区で行われる

3 人頭税石。1.43mのこの石の背丈になると重税が課され、多くの人々が苦しめられた

4 西平安名崎からの景観。左手に見えるのは池間島で、宮古島とは橋でつながっている

線から昇る太陽も感動的だ。

同じように夕景は島の北西端に突き出た岬、西平安名崎《にしへんなざき》に行くといい。銀色に輝く雄大な海の景色に帰途を急ぐ漁船などが添景となり、素晴らしい夕景写真が撮れるだろう。

そして、宮古島のホワイトサンドのビーチは、沖縄でも有数の美しさを誇る八重山の海以上のきめ細かさといわれる。砂山《すなやま》ビーチ、与那覇《よなは》前浜、パイナガマビーチといった宮古島を代表するビーチをぜひ訪ねたい。

アクセス　那覇空港から宮古空港まで約50分、石垣空港から約35分、東京・羽田空港から直行便で約3時間5分。

沖縄の原風景が大切に守られている島

59

竹《たけ》富《とみ》島《じま》

沖縄県

1

3

2

1 三線の心地よい音に耳を傾けながら、水牛車で美しい集落をめぐる　2 なごみの塔から眺める集落景観は美しい　3 竹富島の道はすべて“白い砂の道”

島を楽しむコツ

- レンタサイクルでの観光がピッタリ
- 集落景観を見るなら「なごみの塔」へ
- 島の美しさを保つ“早朝の掃き掃除”

DATA

人口341名／面積5.42㎢／周囲9.2km／最高地点24m／竹富町観光協会（石垣事務所）☎0980-82-5445

百名島の名物

香辛料に使われるピパーチ（ヒハツモドキ）の実

白い砂に赤瓦、箱庭のような美しさ

石垣島の南西約6キロにある平坦な島。白砂のビーチとサンゴ礁の海も実に美しいが、何よりもこの島の素晴らしさは集落の風情にある。

赤瓦の屋根にシーサーを載せた伝統的なたたずまいの民家が建ち並ぶ集落は、どこも最高の撮影ポイントとなる。また、赤瓦屋根の家並みを俯瞰して見るなら、集落中央の赤山公園にある「なごみの塔」に上がるといい。重要伝統的建造物群保存地区に指定された石垣と白い道と赤瓦の家々の美しいコントラストが目に焼きつくことだろう。

竹富島は、石垣島から船で10分ほ

4 島で最大の行事は秋に行われる「種子取祭(タナドゥイ)」。10日間の中で最後の2日間は奉納芸能でとくに盛り上がる

7 あっちでもこっちでもサッサッ、サッサッと道をほうきで掃く音がする

5 花がきれいな島である。ブーゲンビリアやハイビスカスが咲き乱れる
6 カイジ浜は星砂を見つけられる砂浜。多くの人が星砂を探しにやって来る

どで渡れるため、日帰りで訪れる人が多い。しかし、ここはぜひとも趣深い集落内にある民宿に泊まりたい。

　民宿に泊まると、早朝のまだ暗いうちから、外の道でサッサッサッという音が聞こえてくる。これは、島の人たちが集落内の道をほうきで掃き清めている音。古くからの習慣なのだ。道に落ちたあかばなー（ハイビスカス）やクロトンの葉などが毎朝掃き清められ、この島の美しさが保たれているのである。そんな光景を目にすると、一日、すがすがしい気分になる。

アクセス　石垣島・石垣港離島ターミナルから高速船で約10分。石垣島へのアクセスはp.101参照。

60

何もしない贅沢を味わう島

黒《くろ》島《しま》

沖縄県

1 らせん状階段を上ると黒島の景色を一望できる黒島展望台
2 直線道路の右側も左側もすべて牛の放牧場

島を楽しむコツ

- 「黒島展望台」から島の全景を見る
- 港から集落までほぼすべて牛の牧場
- 牛1頭が当たる「牛まつり」は2月

DATA

人口203名／面積10.05㎢／周囲12.6km／最高地点15m／竹富町観光協会（石垣事務所）☎0980-82-5445

百名島の名物

花に彩られて日本一（!?）美しい黒島郵便局

心のおもむくまま楽しみたい島

石垣島の南西約18キロにある起伏のない平坦な島。牛の数が人口の10倍にもなるといわれ、島内で見かけるその数はたしかに多い。

港で船を降りてからは、道路と学校、住宅以外はほぼすべて牧場である。黒島で牛に出合わないということはまずないだろう。ならばここでは牛に習って、のんびりとあてもなく歩いてみるといい。黒島では何かをしようなどとは無理に考えずに過ごしてみよう。これこそが、実は黒島を最大に楽しむことになるのだ。

そして見事といいたくなるのが、黒島のまっすぐな道。島の西側にあ

日本百名島の旅
加藤のイチオシ

3 雄大な牧場風景。車に出合うことがほとんどない道はただただまっすぐ

4 海上の船を監視したといわれるのろし台で、火番盛（ブズマリ）という

5 仲本海岸の岩場で採れた海藻のアオサを干す。島豆腐とアオサを入れる沖縄の代表的な味噌汁が「アーサ汁」

6 仲本集落の屋敷跡にあるクワの木。樹高は約10m、幹周りが約1.7mの大木である

る仲本集落から島の中央部の東筋《あがりすじ》、そして学校を結ぶ道はどこも一直線だ。その道中に高さ6メートルの黒島展望台がある。わずかな高さでも島全体を一望できるので、ここで黒島を独り占めにした気分に浸るのもいい。

　また、黒島はウミガメが産卵に来る島としても知られ、島内にはふ化したウミガメを飼育している施設もある。牛といいウミガメといい、この島にはのんびりとしたものが実によく似合う。

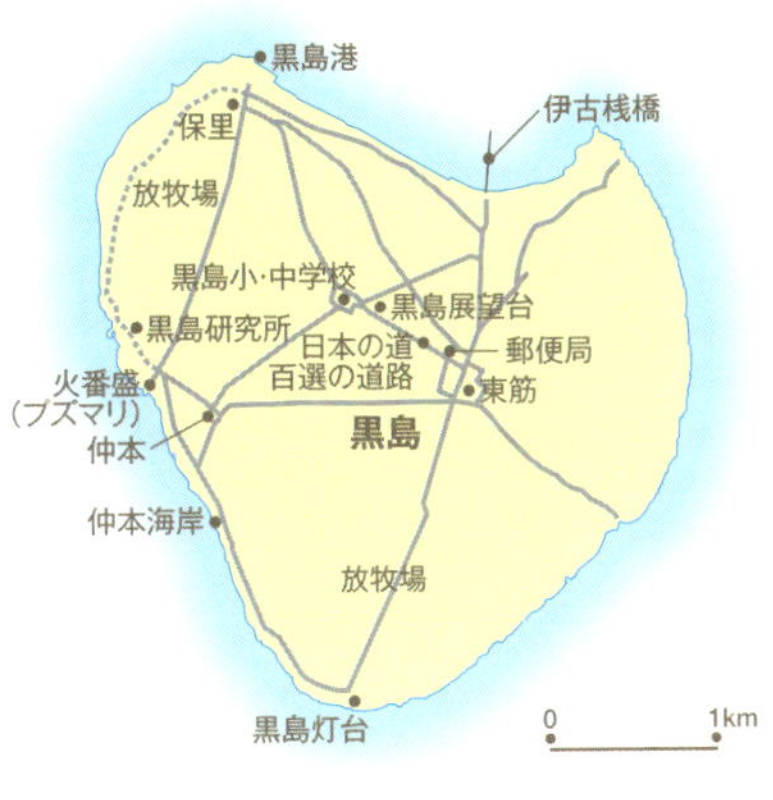

アクセス　石垣島・石垣港離島ターミナルから高速船で約25分。石垣島へのアクセスはp.101参照。

沖縄県

61

波《は》照《てる》間《ま》島《じま》

さとうきび畑が広がる最果ての島

1 荒波が砕け散る高那崎の雄大な景観
2 高那崎を望む地に立つ日本最南端の碑
3 波照間港は港の中も外も同じマリンブルーの美しさ

絶景の最南端を堪能する

日本の領土の最南端は無人島の沖ノ鳥島（東京都）である。しかし、有人島で旅人がいつでも自由に行くことができる最南端の島といえば、石垣島の南西約50キロにある波照間島となる。

この島をめざす多くの人は、最果ての旅情を味わいたくてやって来る。そして波照間島の中でも最南端にあたる場所が高那崎《たかなざき》だ。1キロにわたって続く海岸線は大波が砕ける断崖になっていて、荒涼とした風景はまさに最果て感がたっぷりだ。

また、大気が澄む年末から初夏にかけては、南の空の低い位置に南十

島を楽しむコツ

- すべてが最南端だと思って楽しむ
- 島最大の行事「ムシャーマ」を見る
- 銘酒「泡波」は港の店で飲める

DATA

人口527名／面積12.77㎢／周囲14.8km／最高地点60m／竹富町観光協会（石垣事務所）☎0980-82-5445

百名島の名物

生産量が少なくてなかなか手に入らない泡盛「泡波」

7 ムシャーマは豊年祈願と先祖供養の祭。その行列の先頭に立つのが弥勒菩薩で、島ではミルクと呼ばれる。後ろに続く弥勒のこどもたちはミルクンタマ。集落をゆっくりと練り歩く

4 昔、海を往来する船を見張り、のろしを上げる場所だった石積みの高台はコート盛（もり）という
5 集落の中は美しい石垣と赤瓦の屋敷が多い

6 旧暦7月に行われるムシャーマ。「テーク」は、若者たちが笛に合わせ、笠を使って踊る演目

字星を観ることができるが、高那崎はそのベストポイントでもある。

島で味わいたいものの一つに「泡《あわ》波《なみ》」がある。生産量が少なく、なかなか入手が難しい泡盛だが、島の宿に泊まれば味わえることもある。

旧暦7月14日の「ムシャーマ」は先祖の霊を供養し豊作を祈願する盆行事である。島一番のにぎわいの日、弥勒菩薩（ミルク）を先頭に練り歩く行列はぜひ見ておきたい。

アクセス
石垣島・石垣港離島ターミナルから高速船で約1時間〜1時間10分。西表島・大原港を経由する便は約1時間20分。フェリー（週3便）は石垣港から約2時間。石垣島へのアクセスはp.101参照。

瑠璃色の海から吹き寄せる潮風が心地いい。鳩間の集落はそんな中にある

62

八重山の桃源郷 鳩《はと》間《ま》島《じま》

沖縄県

過ぎゆく時間を忘れる癒やしの島

石垣島から北西へ約36キロ、島へ向かう船からは瑠璃《るり》色の海の中に白く縁取られた平らな島が水平線上に見えてくる。まずこの圧倒的な美しさに心を奪われる人も多いだろう。

港近くの集落は、木々の濃い緑色と時を経て趣きを増した石垣がいい風情だ。あまり人に出会わないのどかさもいい。そして、お楽しみはその集落を抜けた先にある。島の北海岸を歩くと浜に通じる小道がいくつもあり、その奥には美しく小さなビーチが点在しているのだ。自分だけのお気に入りの浜を見つけて過ごす最高の贅沢をぜひ味わいたい。

真夏の一大行事「豊年祭」。そのハイライトが2艇で行うハーリー競争だ

日本百名島の旅 加藤のイチオシ

島を楽しむコツ

- 島の北側にある小さなビーチを歩く
- 集落の美しい木々と屋敷、石垣を見る
- 友利《ともり》御嶽《うたき》などの聖地には入らない

DATA

人口67名／面積0.96㎢／周囲3.9km／最高地点34m／竹富町観光協会（石垣事務所）☎0980-82-5445

百名島の名物

海抜33mの鳩間中森は古典民謡に歌われる名所

アクセス　石垣島・石垣港離島ターミナルから高速船で約40分、西表島・上原港経由の場合は約1時間10分。石垣島へのアクセスはp.101参照。

第5章 ぶらり散歩で楽しむ島

瀬戸内海の多島美を眺めながら散歩道をたどる（小島）

年によって栽培箇所は多少変わることもあるが、見事な菜の花の畑が広がる

63

宮城県

朴《ほお》島《じま》

晩春に華やぐ松島湾の島

島全体が明るいイエローに包まれる

至近の本土、宮城県鳴瀬町からは約1キロの距離だが、定期航路では塩《しお》釜《がま》港から約18キロの位置にある朴島。松島湾を外海から守るように点在する浦戸諸島の4つの有人島の一つ。

波の少ない松島湾では養殖カキも特産。津波災害で一時壊滅的だったカキいかだも復活してきた

5月の連休ごろに島全体が菜の花に彩られる光景は圧巻。この菜の花は観賞用としてではなく、「松島白《はく》菜《さい》」の種子を採るために栽培しているものだ。

塩釜港から船に乗り、うららかな春の1日をピクニック気分で菜の花畑を散歩するのも楽しい。島の周りの海にはカキ養殖のいかだが並ぶ。

島を楽しむコツ

- 菜の花畑とカキ養殖の風景がのどか
- 朴島神社のタブノキ原生林は見事
- 菜の花畑の中の広場でのんびり休憩

DATA

人口24名／面積0.15㎢／周囲2.2km／最高地点22m／塩竈市役所観光交流課☎022-364-1165

百名島の名物

神社などではタブノキの原生林をよく見かける

アクセス 塩釜港(マリンゲート塩釜)から客船で約1時間、朴島港へ。

千葉県で唯一の有人島

64

仁右衛門島《にえもんじま》

千葉県

仁右衛門島まではわずかな距離だが、櫓こぎの伝馬船で渡るのは実に楽しい

代々続く島主の個人所有の島

鴨川市太海《ふとみ》の浜波太《はまはた》漁港沖、約100メートルにある小さな島。よほど海が荒れないかぎり、櫓こぎの伝馬船で気軽に渡れる島である。現在は第38代目の平野仁右衛門さんがこの島に暮らし、島名も歴代島主の仁右衛門という名にちなんでいる。

島内には句碑が点在し、一句一句を鑑賞しながら散策すると、源頼朝が隠れたと伝わる穴や、日蓮ゆかりの神楽岩といった見どころなどを小一時間で回れる。また、島主・平野邸も見学できる。クワの木の天井板や庭の大ソテツも見事。

日本百名島の旅 加藤のイチオシ

立派な瓦屋根は潮風にさらされて古色をたたえ、樹齢600年の大ソテツが素晴らしい

島を楽しむコツ

- 句碑や花を見ながら小一時間の散歩
- 江戸時代からある稲荷大明神へ参詣
- 平野邸の立派な天井板にも注目

DATA

人口統計なし／面積0.02㎢／周囲不明／最高地点26m／鴨川市観光協会☎04-7092-0086

百名島の名物

朝日を拝む霊地と伝えられる、しめ縄のかかる神楽岩

アクセス　JR外房線・太海駅から徒歩約12分で渡船場へ、櫓こぎの渡船で約5分で仁右衛門島へ。

黒壁が生み出した〝三河湾の黒真珠〟

65

佐《さ》久《く》島《しま》

愛知県

1 西港の一番奥まったところにある漁港の前には、黒壁の漁具置き場や民家がかたまってある
2 崇運寺の墓地には毎日、一輪車に山積みの切花が運ばれてくる。お供えの花である

日本百名島の旅 加藤のイチオシ

島を楽しむコツ

- 西港から東港までの約2kmを散歩！
- 乗船券窓口でアートマップをもらう
- 東港の無人販売箱と船待合所が良し

DATA

人口264名／面積1.81k㎡／周囲11.4km／最高地点38m／西尾市役所佐久島振興課
☎0563-72-9607

百名島の名物

3月～5月に漁師総出で獲る「島アサリ」は極上美味

黒壁集落を寄り道しながら散策

愛知県西尾市一色《いっしき》町の南約5キロ、波穏やかな三河湾にある島だ。

佐久島には東西に二つの港があり、西港には「黒壁の集落」という異名がある。港前の崇運寺《そううんじ》を経て路地を曲がると壁全体が真っ黒に塗られた家々がひしめき合う光景に出合う。もともと塩害から家屋を守るためにコールタール塗りの民家が多かったのだが、その美しい景観を保存しようと「黒壁運動」が進められ、黒真珠にたとえられる真っ黒の集落景観に生まれ変わったものだ。

西港から東港への道は「フラワーロード」といい、途中に学校や駐在

5 ビーチ設備が整った大浦海水浴場は、快適に1日を過ごせる

3 佐久島アートの作品「空海郵便とビリー・ザ・キッド」

6 佐久島アートの作品「クラインガルテンウェルカムスペース」　7 西港の高台にある崇運寺は弘法八十八ヶ所巡りの最終札所

4 東港の無人販売箱「とれたて里の市」と「島そだちの野菜たち」。西港にも同様のものがある

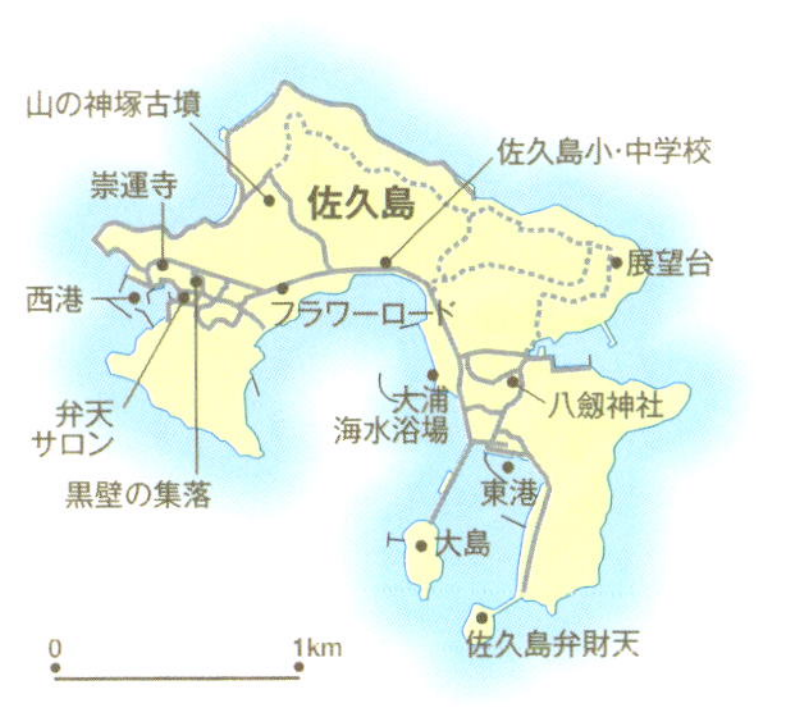

所などがある島のメインストリート。その随所に「佐久島アート」の野外展示作品のうちの多くが設置されており、寄り道しながらそれを観賞すると散歩がさらに楽しくなる。

約2キロ歩くと東港に着く。船の待合所は休憩場所としても実に快適で、その裏には島の産物を販売する無人販売箱がある。民芸品から季節の農産物などを格安で買えるこの販売箱が、たまらなくいい味わいを出しているのでのぞいてみよう。

アクセス　西尾市一色渡船場から客船で約25分で佐久島・西港へ、約30分で東港へ。

北木島は山も地中も花崗岩（かこうがん）でできている。山肌が石材の島を物語る

石材産業の歴史を刻み続ける島

66

北木島《きたぎしま》

岡山県

石材の島は生きた〝石の博物館〟

岡山県の笠岡港から南へ約13キロ、笠岡諸島の中で最大の島である。良質な花崗岩を産出する島として知られ、大阪城の石垣などにも使われた。

石を切り出す採石場を丁場《ちょうば》というが、見学許可が得られれば露天掘りの丁場をぜひ見ておきたい。深さ80メートルに達する雄大な岩壁から、いかに北木島が花崗岩で形成された島であるかがわかるだろう。

島で獲れる食材のよさにほれ込み、移住してきた料理人が開く「グルメ北木島」は宿泊もできるレストラン。地魚などをたっぷりと堪能したい。

露天掘りで掘り進んだ深さは80m超。作業車がミニチュアのようだ

島を楽しむコツ

- 立入禁止の場所へは絶対に入らない
- 採石場（丁場）の人に必ず見学許可を
- 島の食材を生かした宿に泊まろう

DATA

人口1019名／面積7.49㎢／周囲18.3km／最高地点226m／笠岡市経済観光活性課☎0865-69-2147

百名島の名物

北木石のモニュメントであるメビウスの輪

アクセス 笠岡港から豊浦港へフェリーで約55分、大浦港へ高速船で約36分。

花畑の向こうに瀬戸内海を望む

67

真《ま》鍋《なべ》島《しま》

岡山県

温暖な真鍋島では、日当たりのよい緩斜面を利用して冬に露地栽培の菊などが植えられる

路地裏を抜けてお花畑を散歩

笠岡港の南東約18キロにある、笠岡諸島の島の一つ。温暖な気候を利用して30年以上も前から花卉《かき》栽培の島として知られていたが、現在は寒菊やマーガレットなど〝花が見られる島〟として旅人を魅了している。

なまこ壁や黒い板塀の建物がよく似合う漁村のたたずまいを探しながら歩くと、この島が昭和の香り漂う映画のロケ地になるのも頷ける。

島の南東・福原浜《ふくらはま》には、旧真鍋小学校校舎を移築して造った老舗旅館「島宿三虎《さんとら》」があり、昔の真鍋島の話が聞ける宿としても人気がある。

日本百名島の旅 加藤のイチオシ

趣深い石垣と階段を見つけたら、気の向くままに歩いてみるのもいい

島を楽しむコツ

- 映画のロケ地になった真鍋中学校
- ふれあいパークで季節の花を観賞
- 島宿三虎に泊まって島の話を聞く

DATA

人口262名／面積1.49㎢／周囲7.6km／最高地点127m／笠岡市経済観光活性課☎0865-69-2147

百名島の名物

殻をむいて食べる生のシバエビは美味

アクセス　笠岡港からフェリーで約1時間5分、高速船で約44分。

瀬戸内に根付いた現代美術の島

68

直《なお》島《しま》

香川県

1 ベネッセハウスミュージアムの屋上庭園からは瀬戸内海の美しい風景を望むことができる
2 地中美術館へと向かう道すがらには約400㎡のモネの庭園が再現されている

島を楽しむコツ

- まず最初は地中美術館の鑑賞から
- 名物の直島銭湯『I♥湯《アイラヴユ》』に入る
- 趣深い古民家の家並みを散歩

DATA

人口3177名／面積7.80㎢／周囲27.8km／最高地点123m（地蔵山）／直島町観光協会☎087-892-2299

百名島の名物

島内には芸術作品が数多く点在していて散策も楽しい

現代美術と自然・風景・地域の融合

瀬戸内海で行ってみたい島はどこかと多くの人に尋ねると、必ずといっていいほど直島の名前が挙がる。その理由は、島を巡りながら現代美術を楽しめるところにあるようだ。

岡山県玉野市の宇野港から約2キロの位置にある島は、今や島そのものが一大美術館といってもいい。

その筆頭に挙げられるのは、建築家・安藤忠雄氏が設計した地中美術館で、丘陵の中に展示空間を作り出した斬新な美術館だ。地中でありながら巧みに外光を採り入れて作品を見せるというユニークなものである。

また、直島を舞台に現代美術を制

3 歴史を感じさせる本村集落の家並み。黒い腰板が印象的だ

6 ベネッセの施設がある目の前の砂浜はとても美しい

4 意匠あふれる小学校校舎。島の公共建築物を手がける地元出身の建築家によるもの
5 集落のまん中に忽然と現れる奇抜な銭湯の建物。思い思いに写真を撮っていく

作・展示する活動「ベネッセアートサイト直島」には、島内の古民家を作品化する〝家プロジェクト〟がある。これは建築と環境、そして現代美術のインスタレーション（展示空間表現）を組み合わせて作品に仕上げるというもの。そうした中には実際に入浴できる銭湯を現代美術作品の一つとして創り営業しているところなどもあるので訪ねてみよう。

島の風景や伝統と現代美術がどのようにコラボレーションしていくのか、今後も直島から目が離せない。

アクセス　岡山県・宇野港から直島・宮浦港へフェリーで約20分。高松港から宮浦港へフェリーで約50分〜1時間、または高速船で約25分など。

69

桃太郎伝説の〝鬼ケ島〟か?

女木島《めぎじま》

香川県

日本百名島の旅 加藤のイチオシ

港にはオオテと呼ばれる石垣が立ちはだかる。防風のために築かれたもので要塞のようだ

鬼の棲家《すみか》は妖しいムードの大洞窟

高松港の沖約4キロにあり、1キロ離れて隣にある男木島《おぎじま》とともに雌雄島《しゆうじま》と呼ばれたりすることもある。

この島で外せないのは、なんといっても讃岐《さぬき》の桃太郎伝説にまつわる場所を訪ねることだ。大正3（1914）年に発見された、迷路のような大洞窟はぜひ見ておこう。

船が着く女木港には、防風のために築かれた要塞のような石垣〝オオテ〟がそびえ立つ。島へ上陸する際、このオオテをまのあたりにすると、いかにも鬼が誰も寄せつけないために造った城壁のようにも見えておもしろい。

斜面に刻まれた畑ではサツマイモやニンニクを栽培する

島を楽しむコツ

- 「鬼ヶ島おにの館」で鬼の勉強を
- 鬼ヶ島大洞窟の洞内を探索する
- 要塞のようなオオテで記念写真

DATA

人口183名／面積2.67㎢／周囲7.8km／最高地点216m／鬼ヶ島観光協会☎087-840-9055

百名島の名物

鬼が住んでいたとも伝わる大洞窟。広さは約4000㎡

アクセス 高松港から客船で約20分、女木島へ。

江戸時代に海駅として重要な港だった下蒲刈島には御番所跡が残る

70 下《しも》蒲《かま》刈《がり》島《じま》

美術館から多島美まで楽しめる

広島県

日本百名島の旅 加藤のイチオシ

松濤園は御馳走一番館(朝鮮通信使資料館)、陶磁器館、あかりの館が入る文化施設

西国大名や朝鮮通信使の往来した島

呉市仁方《にがた》港の南約2キロにあり、本土との間に安芸灘《あきなだ》大橋が架かる島。かつては広島藩の本陣などが置かれ、江戸時代には朝鮮通信使もこの島の施設を宿として使った。蒲刈大橋の近くにある松濤園《しょうとうえん》では、古くから日本と朝鮮との間で培われた交流を示す史料などが展示されている。

島内東海岸を中心に、ほかにも由緒ある屋敷などが建ち並ぶ。また、美術ファンなら、郷土の美術家たちの作品が収められた蘭島閣《らんとうかく》美術館がいい。島の南側の観音平遊歩道から望む瀬戸内の島々も美しい。

島を楽しむコツ

- 見どころの多くは島の東海岸沿いに
- 昆虫好きなら「頑愚庵《がんぐあん》昆虫の家」
- 南部の観音平遊歩道は展望抜群

DATA

人口1734名／面積7.97㎢／周囲16.8km／最高地点275m(大平山)／呉市産業部観光振興課☎0823-25-3309

百名島の名物

蒲刈大橋。隣の上蒲刈島とはこの橋で結ばれている

アクセス　広島バスセンターから広島駅、呉駅、広駅経由のバスで下蒲刈島へ。広島駅から下蒲刈中学校まで約1時間26分、呉駅からは約50分、広駅からは約22分。

愛媛県

71

小《お》島《しま》

戦争遺跡・芸予要塞を今に残す島

元は発電所の建物だった。その門柱も建物の壁面も、使われることなく終わったので美しい

急潮で知られる来島(くるしま)海峡にある小島の全景。美しい丘陵と山である

森の中に眠る赤レンガ建築

今治市の北約６００メートルにある島。瀬戸内海への敵の侵入を防ぐため、日露戦争前の明治30年代に砲台などの要塞が築かれたが、使われずに廃止されたため、発電所や弾薬庫などの赤レンガ建築が、美しいたたずまいのまま残されている。それらを戦争遺跡として、また建築土木遺産として見学することはとても意義深い。

また、２５００本ともいわれるツバキの開花期や、スイセンの花香る早春に島を訪れ、花を楽しみながら散策するのもいい。高台から見はるかす周辺の島々の眺望も素晴らしい。

島を楽しむコツ

- 美しすぎる赤レンガ建築を巡る
- 司令台跡に立つと360度の眺望
- 野鳥のさえずりを耳に椿並木を歩く

DATA

人口21名／面積0.50㎢／周囲3.0km／最高地点100m／今治市産業部観光課☎0898-36-1541

百名島の名物

ツバキの花で知られる島だがスイセンも美しい

アクセス　今治市・波止浜(はしはま)観光港から客船で約10分、小島へ。

山口県

72

六《む》連《つれ》島《じま》

野菜畑の向こうに望む海峡も印象的

ガーベラなどの花卉（かき）栽培が盛ん。島の南東斜面にはこういったハウスや野菜畑が広がる

お花畑とひなびた家並みに心和む

下関市南風泊《はえどまり》港の北西約3キロの響灘にあり、下関から定期船で20分ほどの、思い立って気軽に渡れる島。港近くに集落がある以外はほぼ全域が農地で、花とキャベツなどの野菜栽培が盛んだ。

港から緩い坂道を上り、目指すはハウス栽培のお花畑。作業中の農家の方にお願いすれば、ハウス内で咲くカーネーションやガーベラなどを観賞できることも。高台から野菜畑越しに見る関門海峡の眺めもよく、港へ下りてくると、集落のどこか懐かしい風情にホッとさせられる。

日本百名島の旅 加藤のイチオシ

六連島の路地裏。海を望む野菜畑とは違ったのどかさを、こんなアングルで眺めるといい

島を楽しむコツ

- 農家の方にひと声かけて花畑を鑑賞
- 明治天皇も視察した六連島灯台
- 世界でも珍しい雲母玄武岩を観察

DATA

人口111名／面積0.69㎢／周囲3.9km／最高地点104m／下関市観光政策課☎083-231-1350

百名島の名物

六連島灯台。初期の洋式灯台で明治天皇も訪れている

アクセス　下関漁港（竹崎乗り場）から客船で約20分、六連島港へ。

福岡県

73

能《の》古《この》島《しま》

街の喧騒からわずか10分で別世界

1 作家檀一雄の旧宅跡付近から眺めると、対岸に福岡の街がよく見える
2 博多湾にある能古島全景。標高100〜200mの台形の島で、一周路からの景色がよい

花の公園や静かな森の道を散歩する

博多湾内、姪浜《めいのはま》の北約2キロにあり、約10分の船旅で渡れる島である。これほど都会と近いところに、静かで心安らげる島があるのも不思議だ。

能古島のよさは、たった10分間で風景も空気もガラリと変わるところである。島に上陸すると博多らしい喧騒はまったくなく、港の周辺で目にするのは繁華街にはおよそないような素朴な活魚料理店である。

まずこの島で必ず行くべき場所は「のこのしまアイランドパーク」。港から3キロの距離なので、バスを利用してもいいのだが、できればここは東側の道を40分ほどかけて歩いてみ

島を楽しむコツ

- アイランドパークまで40分間の散歩
- 5月の花逢忌は檀一雄を偲ぶ日
- 静かな木立の小道「思索の森」を歩く

DATA

人口735名／面積3.95㎢／周囲9.0km／最高地点195m／能古島観光協会☎092-881-2494

百名島の名物

明治時代の博多の街を再現した、アイランドパークの「思ひ出通り」

5 ツツジが満開の、のこのしまアイランドパーク。四季を彩るお花畑が圧巻である

3 約1時間ほどかけて歩く「思索の森」は木立に覆われた静かな道

6 アイランドパークは植物観賞のほか、ミニ動物園やレジャー施設もある

7 港横の「のこの市」には季節の産品が土産物として並ぶ

4 晩年をこの島で過ごした檀一雄を偲び、毎年5月に花逢忌(かおうき)が行われる

るといい。アイランドパークまでは緩い上り坂だが、志賀島《しかのしま》や海の中道などの景色を楽しもう。

のこのしまアイランドパークは、15万平方メートルという広大な敷地をもち、四季折々の花を楽しめる公園となっている。園内には明治時代の博多の町並みを再現した〝思ひ出通り〟があり、昔の情緒を感じながら散策してみよう。

かつて能古島では作家の檀一雄《だんかずお》が晩年を過ごしていたこともある。作家が愛したということで、島の中央部には「思索の森」と呼ばれる小道もあるので散策してみるといい。

アクセス　福岡市・姪浜港から客船で約10分。

日本の近代化に貢献した島

74

高《たか》島《しま》

長崎県

1

2

1 炭住（たんじゅう）と呼ばれる炭鉱住宅が建ち並んでいた緩斜面は、炭鉱の閉山とともに住宅が取り壊され、現在は花畑や広場として使われている　2 石炭資料館の屋外には、坑道を走っていたトロッコなどを展示

炭鉱時代の終末とその後をたどる

長崎港の南西約14キロにあり、昭和61（1986）年まで石炭採掘が行われていた島。明治14（1881）年に三菱財閥の創立者岩崎《いわさき》弥《や》太郎《たろう》所有の鉱業所となり、この石炭産業によって三菱の基礎が作られたともいわれる。いわば〝三菱発祥の島〟である。

高島港に降りたら、まず石炭資料館を見学したい。本物の石炭塊も展示されていて見ることができるが、何よりリアルなのは鉱夫を乗せて坑道を走ったトロッコなどがそのまま残されていることだ。九州には炭鉱の面影をとどめる場所が多いが、こ

島を楽しむコツ

- 石炭資料館で石炭の実物に触れよう
- トマトの旬である春から初夏に来訪
- 高島カトリック教会から港を一望

DATA

人口458名／面積1.34㎢／周囲6.4km／最高地点115m／長崎市コールセンターあじさいコール☎095-822-8888

百名島の名物

糖度が高くフルーティな味わいで知られる高島トマト

7

3 明治14(1881)年に三菱の岩崎弥太郎が高島炭鉱の権利を買い受けて、三菱財閥発展の礎を築いた　4 鉱山祭りに使われた神輿が石炭資料館に展示されている

4

3

5 どんな狭い場所でも小さな畑を作り出すたくましさがこの島にはある

5

6

7 高島のキリスト教は江戸時代、迫害を逃れて住みついた16人のキリシタンに始まる。この櫓は高島教会の前庭に建つアンゼラスの鐘楼

6 港の前にある高島トマトの栽培ハウス。1月〜5月が収穫期で、糖度が高く甘みの強いトマトである

の島では比較的近年まで採炭が行われていたこともあり、産業遺産などに興味があれば、実に心ときめく島なのである。

そして、今や石炭に代わる高島の名産品は、資料館のすぐそばにある巨大なハウス栽培の団地で育てられている。それは、ブランド野菜としても知られる高島トマト。旬は春先から初夏までで、この時期に訪れると港そばの売店に出ることもあるので、ぜひとも味わいたい。

高島を代表する二大名物を見たら、あとは右回りでも左回りでも自由に、ぶらりと島を一周したい。

アクセス　長崎港から高速船で約35分、高島港へ。

宮古諸島には美しい砂浜が多いが、とりわけ素晴らしいのが長さ800mにもおよぶ渡口の浜だ

サンゴ礁と純白のビーチ

75

伊良部島《いらぶじま》

沖縄県

やがて橋でつながる漁業の島

宮古島の北西にある島。2015年に伊良部大橋が完成すると、海中道路などを含め約6500メートルの架橋で宮古島と結ばれる。

もともとカツオの遠洋漁業や追い込み漁などの漁業の島。早朝から出漁の準備で漁港は活気づく。豪壮な鉄筋2階建ての家屋が建ち並ぶ佐良《さら》浜《はま》はその漁師たちの集落だ。

集落を抜けて2キロほど歩くと、渡り鳥のサシバを模した牧山展望台があり、ここからの大海原の眺望が素晴らしい。また、島の南西側にある渡口《とぐち》の浜にはぜひ足を運びたい。

標高89mの牧山にある展望台。タカ科の鳥、サシバの飛翔をイメージしている

島を楽しむコツ

- レンタサイクルでぐるり一周
- スノーケリングで珊瑚礁を水中散歩
- 渡り島のサシバが10月ごろに飛来

DATA

人口5679名／面積29.05㎢／周囲63.7km／最高地点89m（牧山）／宮古島観光協会☎0980-73-1881

百名島の名物

カツオのなまり節が伊良部の名産品。良質だと評判

アクセス 宮古島・平良（ひらら）港から高速船で約15分、伊良部島・佐良浜港へ。※2015年に伊良部大橋が完成すると、宮古島から陸路でアクセスできるようになる。

第6章　パワーあふれる島

大山祇神社のご神木からみなぎる力をいただく（大三島）

76
北海道

奥《おく》尻《しり》島《とう》

海の幸と霊場のパワーが光る島

1 朝焼けの青苗港に夜通し操業していたイカ釣り船が戻ってきた。ウミネコたちも朝から騒ぎ出す
2 漁港に揚がったホッケの仕分けに忙しい。その獲れたてが宿の食膳にも上る

日本百名島の旅 加藤のイチオシ

島を楽しむコツ

- 広い島なのでレンタカー利用がいい
- 津波被災地に建つ「奥尻島津波館」は必見
- 名湯「神威脇温泉」でじっくり温まる

DATA

人口3037名／面積142.73㎢／周囲67.5km／最高地点584m（神威山）／奥尻島観光協会☎01397-2-3456

百名島の名物

なべつる岩。鍋の取っ手の弦（つる）のような形の奇岩

静かな霊場を訪ね、温泉で温まる

北海道の西端・江差町から北西約60キロの位置にあり、400〜500メートルの山から成る島。道南に位置するので、道内では比較的暖かな島ともいわれている。

平成5（1993）年の北海道南西沖地震による津波被害で広く知られるが、現在は復興を果たし活気が戻っていることにほっとさせられる。島の南部、青苗漁港では豊富な海の幸が水揚げされる。ウニ、タラ、イカ、ホッケなどの味を楽しみにやって来る人も多い。温泉は西海岸の神《かむ》威脇《いわき》温泉。茶褐色の食塩泉で、泉質のいい名湯として親しまれている。

5 北端の稲穂岬にある荒涼とした賽の河原は道内有数の霊場である

3 座礁遭難した英国艦隊旗艦の救援にあたった功徳を記念した碑

6 ニシンの大漁祈願のために建てられた宮津弁天宮は小山の頂にある　7 北追岬公園にある流政之氏のモニュメント

4 平成5年に起きた北海道南西沖地震・大津波災害の記録を中心に展示、後世に伝える奥尻島津波館

また、奥尻港近くのなべつる岩も必見。夜のライトアップも幻想的な奥尻島のシンボルである。

　そしてもう一か所、多くの人がわざわざ訪ねる場所がある。それが島の北端にある賽《さい》の河原《かわら》だ。〝道南五霊場〟の一つといわれ、海難犠牲者や幼少死者の慰霊地である。さまざまな地蔵や碑が建ち、海辺を埋め尽くす石積みが荒涼とした風景を見せている。たとえ風や波でその石積みが崩れてしまっても、翌日には元どおりの石積みになっているともいわれる伝説の場所である。

アクセス　江差港からフェリーで約2時間20分。夏期のみ、せたな港から運航するフェリーもある（約1時間35分）。空路は、函館空港から30分。

宮城県

77

東北の三大霊場の一つ
金《きん》華《か》山《さん》

牡鹿半島の先端から見た金華山の全景

日本百名島の旅 加藤のイチオシ

金華山ならではの力をもらい幸せに

牡鹿半島先端の東約1キロに位置する金華山。平成23（2011）年の東日本大震災では震源地に最も近い場所であったため、港は大きな被害を受け、100年以上の歴史をもつ石鳥居や常夜燈は倒壊したが、明治期に建立された社殿は無事だった。

金運と開運にご利益があるといわれている黄金山《こがねやま》神社は、これまでどおり参拝できる。シカたちも人なつこく近づいてきて、餌をねだる光景がほほえましくもある。島の南東部には灯台建築で知られるリチャード・ブラントン設計の灯台もある。

黄金山神社の本殿に向かう参道石段。立派な灯籠が建つ

島を楽しむコツ

- 春から秋は鹿山公園でゴロリと休憩
- 金華山灯台は"日本の灯台の父"設計
- 3年続けてお参りするとお金持ちに

DATA

人口6名／面積10.28㎢／周囲17.3km／最高地点445m（金華山）／金華山黄金山神社社務所☎0225-45-2301（代表）

百名島の名物

金華山らしく、小判を手に金運を呼ぶ招き猫

アクセス 2013年5月現在、鮎川港11時発（日曜のみ／所要約15分）、女川港11時発（日曜・祝日のみ／所要約35分）の定期航路あり。それ以外の時間・曜日についてはチャーター船の予約が必要。

78 初《はつ》島《しま》

静岡県

熱海の沖に浮かぶ素朴な島

鉦を打ち鳴らし勇壮な踊りを奉納する、初木神社の夏の祭礼「鹿島踊り」

日本百名島の旅 加藤のイチオシ

男たちの熱い祭りでパワーを体感

熱海市の南東約10キロの相模湾にある平坦な島で、イセエビやアワビ、テングサ漁などが盛んだ。真夏に行われる初木《はつき》神社の祭礼では、白装束の男たちによる鹿島踊りが奉納される。とりわけ幻想的な宵宮は、暮れなずむ境内で焚かれるかがり火の下での勇壮な踊り。これがまた威厳と風格に満ちていて、心打たれるのだ。

よい〝気〟が流れる初島で宿をとり1泊、初木神社に参拝してのんびり島歩きを楽しむのもいい。また、初島灯台の上からは、相模湾一帯や伊豆諸島までを一望できるので足を運ぼう。灯台資料展示館も興味深い。

初木神社の創建は古く、社殿には観応2（1351）年の棟札がある

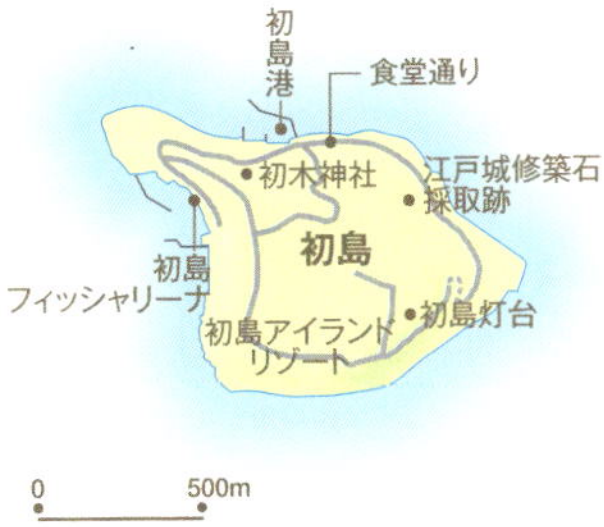

島を楽しむコツ

- 夏の初木神社祭礼は1泊して宵宮を
- 新鮮な魚介類やトコロテンを味わう
- 港の堤防は絶好の投げ釣りポイント

DATA

人口218名／面積0.44㎢／周囲1.6km／最高地点51m／熱海市観光協会☎0557-85-2222

百名島の名物

特産のテングサで作られるトコロテンは島の食堂で

アクセス　熱海港から高速船で約25分。または伊東港から高速船で約25分。

兵庫県

79

瀬戸内海で最も活気のある島
坊《ぼう》勢《ぜ》島《じま》

1

3

2

1 恵美酒神社の社殿に向けて駆け込む若者たち
2 お囃子の人々の衣装は粋な刺繍入りでとても豪華
3 豊漁の神・蛭子大神を祭神とする恵美酒神社

島を楽しむコツ

- 恵美酒神社の大祭は宵宮と本祭を！
- 漁港前の売店で干しエビなどをぜひ
- 高台まで道伝いに歩けば感動の眺望

DATA

人口2684名／面積1.87㎢／周囲11.9km／最高地点71m／姫路市家島事務所☎079-325-1001、家島観光事業組合☎079-325-8777

百名島の名物

秋だけの味覚・ヒイカの塩辛。希少な珍味の郷土食

島の未来を担う若き漁師たちの祭

姫路港の南西約20キロにある家島諸島の一島で、漁業がとくに盛んなところである。とにかく若い漁師が多く、親子二代で2、3隻の漁船をもって漁をする家がたくさんあり、船が港にあふれている。

そんな漁業に特化した島なので、秋の祭り（11月3日〜4日）は島を挙げての大変な盛り上がりとなる。坊勢島の「恵美酒《えびす》神社」は千年の歴史を誇る由緒ある神社で、祭神は大漁を呼ぶ蛭子《えびす》大神だからだ。

まず、宵宮《よいみや》で行われるのは10メートルもある青竹をぶつけて割る竹割《たけわ》り。若者たちの勇壮な前夜祭といえる。翌

7 夜の帳(とばり)の中で行われる宵宮の“竹割り”は、十数か所に置かれた青竹を、若者たちがぶつけ割りながら集落から神社まで奉納しに行くというもの。祭の佳境の熱気とその迫力は圧巻だ

4 5 怒涛のごとく駆け込む若者たちが、社殿に入れさせまいとする守備隊と衝突する“練りこみ”の場面。これを撃破してご褒美を奪う

6 恵美酒神社の神前の供え物。大漁を祈願し競い合うかのような豪快さがこの供え物にもあふれている

日は少し荒っぽい屋台《やたい》練《ね》りに始まり、神社の天井に下げられた縁起物の鯛の争奪戦である練《ね》りこみが体当たりで行われる。海に生きる男たちの意気が年に一度、一気にはじける姿をまのあたりにすると、見ているこちらまで熱く高揚せずにはいられなくなるだろう。

港から山の斜面まで、密集する家並みで埋め尽くされている坊勢島。普段からも活気ある漁業の島だが、最も盛り上がる晩秋11月の恵美酒神社秋の例大祭をねらって、ぜひとも熱いパワーを体感しに訪れたい。

アクセス　姫路港から高速船で約30分、坊勢島・奈座港へ。

大山祇神社の御神木。この大クスノキの若葉には古木とは思えぬ勢いがある

戦勝祈願と御礼詣の島

80

大《おお》三《み》島《しま》

愛媛県

日本百名島の旅 加藤のイチオシ

3基ある宝篋印塔の中央は一遍上人の来島記念として鎌倉時代に建てられたもの

頼朝も祈願に訪れた神様がここに

今治市の北約15キロ、起伏に富んだ地形をもつ、愛媛県内で最大の島。この島の一番の見どころは、何といっても大山祇《おおやまづみ》神社だ。戦勝祈願のために、源頼朝や義経など錚々《そうそう》たる武将がこの神社に武具甲冑《かっちゅう》を奉納している。武士だけでなく近代の政治家からも厚く信仰されていた。

荘厳な社殿へ向かう参道を歩くと、神門の手前に樹齢約2600年ともいわれるクスノキの巨樹がある。この立派な御神木から発する力にあやかりたいと、熱心に祈る人も多い。

島を楽しむコツ

- 大山祇神社収蔵の国宝の数々は必見
- 地下1000mから湧く多々羅温泉へ
- 落差15mの風流な入日の滝を見物

DATA

人口6525名／面積64.53㎢／周囲88.8km／最高地点437m（鷲ヶ頭山）／今治市大三島支所☎0897-82-0500

百名島の名物

多々羅（たたら）温泉しまなみの湯。神経痛や関節痛などに効果があるといわれる

アクセス 広島県・福山駅から愛媛県・今治桟橋行きバスを利用し、約51分で大三島BS（バスストップ）へ。今治駅から大三島・宮浦港行きバスで約1時間3分で宮浦港へ。

日本三景、安芸の宮島

81

厳《いつく》島《しま》

広島県

長さ275mにもおよぶ国宝の「回廊」。大鳥居、舞台とともに厳島を象徴する景観である

厳島のシンボル、大鳥居。主柱は樹齢400年のクスノキでを使い平清盛から8代目のもの

日本百名島の旅 加藤のイチオシ

霊峰・弥山の原生林に身を包まれる

本土の宮島口の東約2キロにある島で、厳島というより「安芸《あき》の宮島」といったほうが通りがよい。標高530メートルの弥山《みせん》を中心として、全島が深い原生林に覆われている。推古天皇元(593)年に創建された厳島神社は世界文化遺産に登録され、平安朝から江戸時代にかけての文化財や国宝が数多く収蔵されている。

また山中にある弥山本堂には、弘法大師が修法のため焚き始めたと伝わる「消えずの火」が今なお燃え続けている。この火で沸かした霊水は万病に効果があるといわれる。

島を楽しむコツ

- 干潮時には大鳥居まで歩ける
- ロープウェイで弥山の山頂へ
- 秀吉寄進の巨大な大経堂「千畳閣」

DATA

人口1793名／面積30.39km²／周囲28.9km／最高地点535m（弥山）／宮島観光協会☎0829-44-2011

百名島の名物

餌をやればしっかり遊んでくれるシカ

アクセス　宮島口桟橋からフェリーで約10分、宮島港へ。

1 樹齢800年を超える乳房杉。24個の鍾乳根が下がる大木である

日本海の文化と自然が凝縮された島

82 隠岐島後《おきどうご》

島根県

島を楽しむコツ

- 島内巡りはレンタカーで効率よく
- 荘厳な乳房杉や神社を巡礼しよう
- 島後の米と名水と地酒を味わおう

DATA

人口15395名／面積242.95㎢／周囲211.0km／最高地点608m（大満寺山）／隠岐の島町観光協会☎08512-2-0787

百名島の名物

隠岐そば。つなぎを使わずだしにはサバを多用

神宿るパワーをそこかしこで体感

島根半島七類《しちるい》港の北約75キロにある、隠岐諸島最大の島。元弘2（1332）年に後醍醐《ごだいご》天皇が配流された島であり、その行在所《あんざいしょ》は隠岐国分寺だったともいわれる。ここで見ておきたいのが、宮廷舞楽《ぶがく》の流れをくむと伝わる「蓮華会舞《れんげえまい》」。毎年4月21日に、独特の仮面や衣装で行われるこの舞楽は、舞踊の内容も聞きながら楽しめる伝統芸能だ。

島後には60社以上もの神社があり、まさに神が多く宿る島だが、中でも格式高いのが玉若酢命《たまわかすのみこと》神社と水若酢《みずわかす》神社。いずれも隠岐造という独特の建築様式だ。玉若酢命神社の境内に

3 水若酢神社は日本海鎮護の神が祭られる　4 村上家隠岐しゃくなげ園では5月に約1万本のしゃくなげが咲く　5 島の開拓にかかわる神が祭られる玉若酢命神社。屋根は出雲大社の“大社造”、社殿は隠岐独自の“隠岐造”である

5

3

4

2

2 日本の滝百選の一つ、壇鏡(だんぎょう)の滝は、ごつごつした岩盤から絹布のように落ちる

7 隠岐(中ノ島)に配流された後鳥羽上皇をなぐさめるために始まった「牛突き」は、隠岐の人たちが最も熱くなるイベント

日本百名島の旅　加藤のイチオシ

7

6

2 春爛漫の寺の境内で行われる蓮華会舞は、インド、中国、朝鮮などアジア各地の舞踊を思わせる実に興味深い芸能である

は、樹齢約2000年といわれる八百杉《やおすぎ》があり、圧倒的な存在感で辺りを制している姿は見事である。

そして隠岐の名木といえば、島の最高峰・大満寺山近くにある樹齢800年の乳房杉《ちちすぎ》。神々しいまでの迫力ある自然木の美しさに、ただただ感動させられる。

また、隠岐の〝勇壮な力〟を感じるなら、牛突き（闘牛）を観ておきたい。隠岐国分寺近くのモーモードームなどで行われるので、開催日を現地に確認してから出かけるといい。

アクセス　島根県・七類(しちるい)港からフェリーで最短約2時間25分。鳥取県・境港からのフェリーもあり。高速船では、七類港から最短約1時間12分、境港から最短約1時間27分。空路は、大阪(伊丹)空港から55分、出雲空港から30分。

83 天岩戸伝説を今に残す島

伊《い》平《へ》屋《や》島《じま》

沖縄県

狭い岩の切れ目を越えてクマヤ洞窟の中に入ると小さな御嶽がある

日本百名島の旅 加藤のイチオシ

伝説を裏付けるかのような聖地

沖縄本島最北端・辺戸《へど》岬の北西約33キロにある島。

天照大神《あまてらすおおみかみ》が天岩戸《あまのいわと》に隠れると、世界が闇に包まれてしまったという「天岩戸伝説」は全国各地にあるが、この島にも同様の話が伝わる。島の北部にある「クマヤ洞窟」はその場所で、狭い岩場から薄暗い洞内に入ると御嶽《うたき》があり、そこは湿った空気と植物のにおいが混じり合い、独特の雰囲気が漂っている。

島内には、神が降臨するというクバの群生地や聖地が多く、伝説が生まれるパワーを秘めた島である。

北部の美しい海岸線。規模の大きなビーチなのに人が少なく静か

島を楽しむコツ

- 北端の久葉山《くばやま》で風に鳴る葉音を聞く
- 天岩戸伝説の地、クマヤ洞窟は必見
- ブランド米「てるしの米」を味わう

DATA

人口1316名／面積20.66㎢／周囲34.23km／最高地点294m（賀陽山）／伊平屋村役場商工観光課☎0980-46-2177

百名島の名物

風が吹くと山全体のクバの葉が音をたてる久葉山

アクセス　沖縄本島・今帰仁村(なきじんそん)の運天港からフェリーで約1時間20分。

琉球、国生みの舞台の島

84

古《こ》宇《う》利《り》島《じま》

沖縄県

人がこの浜の岩場にある祠を通ってやって来たと伝わる、伝説の場所チグヌ浜

初めて人が降り立った聖なる場所へ

沖縄・本部《もとぶ》半島の沖にあり、古宇利大橋を渡れば陸路で行ける島だ。

沖縄に伝わる〝国生みの伝説〟で、琉球に初めて人が降り立った場所は古宇利島のチグヌ浜だと記されたものがある。そのチグヌ浜にはトンネル状に抜けた岩場があり、そこは祠が祭られた聖なる場所。さざ波の音に包まれる心地よい世界が広がる。

チグヌ浜の岩場で心を落ち着かせたら、島をひと回りしてみよう。サトウキビ畑が広がるばかりの島だが、近年はカフェなども増え、名物のウニを出す食事処などもある。

古宇利島の中ほどに広がる赤土の農地。これからサトウキビが植えられる

島を楽しむコツ

- チグヌ浜の岩場の祠で波音を聞く
- 約1時間半の島一周ウォーキング
- 灯台から奄美群島を望めることも

DATA

人口381名／面積3.12㎢／周囲7.9km／最高地点107m／今帰仁村経済課商工観光係☎098-056-2256、古宇利ふれあい広場☎098-056-5574(管理者リセットジャパン)

百名島の名物

サトウキビ畑が広がる島だが、アロエも特産品

アクセス　沖縄本島・名護市中心部から、奥武島(おうじま)、屋我地島(やがちじま)、古宇利大橋を経由して車で約40分。

85

琉球の歴史はこの島から始まる
久《く》高《だか》島《じま》

沖縄県

1 イシキ浜にある、東の海に向けて作られた聖地（遥拝所）である
2 カベール岬の岩場にはカベールの穴と呼ばれる穴があり、海側からくぐり抜けると生まれ変わるといわれている

日本百名島の旅 加藤のイチオシ

琉球神話と祭祀の舞台を巡る

沖縄本島南部、南城市知念の東約5キロにある平坦な島。沖縄に住む人々が久高島にもつ印象は「あそこは特別」というものらしい。それは琉球神話に出てくる国づくりの始祖アマミキヨが最初に降り立った聖地が久高島（蒲葵島《くばのしま》）であると、広く沖縄では伝えられているからである。

港の待合所でレンタサイクルを借りたら、北の端にあるカベール岬まで一直線の道を走ってみよう。その途中、岬の手前にある鬱蒼としたクバの群生地がカベールの森である。この島に神が降臨したときクバを伝って降りて来たといわれる森だ。も

島を楽しむコツ

- レンタサイクルでの島内巡りが便利
- 聖地である御嶽には立ち入らない
- 港の脇にある食堂で郷土料理をぜひ

DATA

人口275名／面積1.37㎢／周囲7.75km／最高地点17m／南城市観光商工課☎098-946-8817

百名島の名物

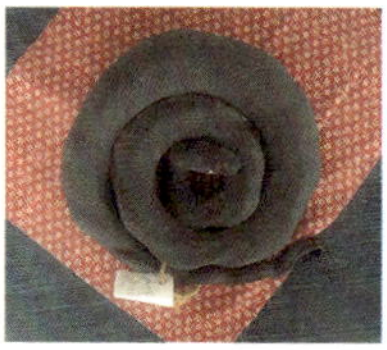

イラブー。島の食堂でイラブー汁を味わってみよう

3 集落中央にある御殿庭(ウドゥンミャー)は祭祀を行う広場

4 現在でも年間を通して多くの祭祀が行われている

7 海辺に泉の湧く場所・ヤグルガー。祭祀を行う神女(ノロ)はこの水で髪を洗い清め、神事を執り行う

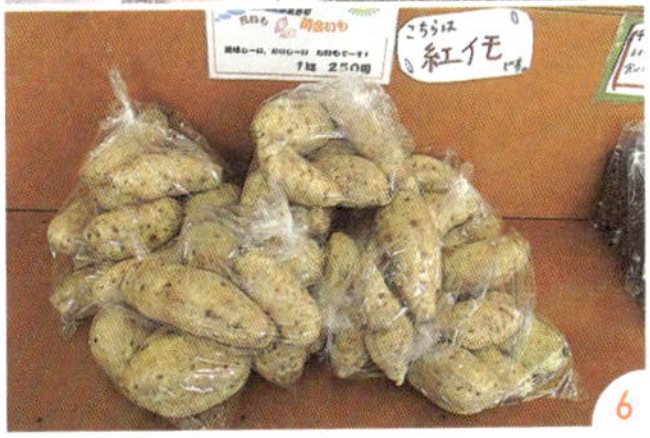

5 白砂がまぶしいカベール岬への一本道。両側はクバが群生するカベールの森
6 久高産の紅イモは甘みが強く、沖縄本島などでも評判が高い

ちろんここに立ち入ることはできないが、この中には御嶽《うたき》がある。群生するクバの様子はいかにも聖域という雰囲気だ。さらに走って突端の岬まで行くと、マリンブルーの大海原を一望できる。

12年ごとに行われていた、女性たちだけによる祭祀「イザイホー」は平成2(1990)年を最後に途絶えてしまったのは惜しまれるが、祭の詳細は久高島宿泊交流館内の資料室でわかるので、訪ねてみよう。

アクセス　沖縄本島・南城市の阿座間港から高速船またはフェリーで約15分〜25分、久高島・徳仁港へ。

島じゅうに神秘の〝気〟漂う

86

大《おお》神《がみ》島《じま》

沖縄県

島で一番高い場所である遠見原から見た集落と港の風景

神宿る島でエナジーをもらう

宮古島の北西部・島尻地区から約4キロ北にある、美しい形をした島。その名のとおり神の島として、また民俗学的にも貴重な祭事が残る島として知られる。〝よい気〟をもらった来島者は再び島を訪ねたりするところから、ここには何か不思議なパワーがあるらしい。

まずは島の最高所・遠見原《とんばる》に登ってみよう。大岩がある山頂からの眺めは雄大で、聖地の風格にふさわしい絶景だ。また、海岸沿いには奇岩が数多くあり、すべてに神が宿っているといわれる。全身にパワーを感じながら、のんびり散策してみよう。

宮古島から見た大神島の全景。わずか15分たらずの距離で、間の海には浅瀬が多い

島を楽しむコツ

- 島の人に出会ったら話をしてみよう
- 坂道と階段なので島内散策は徒歩で
- 歩くのは道のみ！聖地には入らない

DATA

人口32名／面積0.24㎢／周囲2.3km／最高地点75m／宮古島観光協会☎0980-73-1881

百名島の名物

海岸の岩は一つ一つが神としてあがめられている

アクセス 宮古島・島尻港から客船で約15分。※祭事の日は入島できない。

第6章

秘島中の秘島

海から屹立する島影が秘境らしさを醸し出す（悪石島）

北海道

87

夏期限定のコンブ漁でにぎわう島

厚《あっ》岸《けし》小《こ》島《じま》

1 住まいの裏にある高さ27mの丘から見渡すコンブ干場。北の初夏の風物詩である

コンブ一色に染まる道東の秘島

厚岸町床潭《とこたん》の南約1キロにある島。島民は6月〜9月ごろまでのコンブ漁の時期になると島に住まい、冬場には引き揚げてしまうが、北海道東部では唯一の有人島といえる。

周囲は約800メートル、海沿いをぐるりと歩いてもあっという間に一周できてしまう小さな島なので、観光の要素などはまったくない。ただ、運よく島へ渡れたときは、コンブ漁のすべてを目の前で見学することができ、これまた運よく島の中で泊まることができた際には（島内に宿泊施設はなく寝袋で）、ウミネコたちと島の夜明けを楽しむこともできる。

島を楽しむコツ

- 厚岸町の床潭から独特な島影を望む
- 厚岸の上質コンブをぜひおみやげに
- コンブ漁の邪魔になることはしない

DATA

冬季人口0名（平成22年国勢調査時点のもので13名）／面積0.05k㎡／周囲0.8km／最高地点27m／厚岸漁業協同組合☎0153-52-3151

百名島の名物

やはり何といっても厚岸小島産コンブ。これに限る！

3 北の浜辺に聞こえる哀愁漂うウミネコの鳴き声。厚岸小島では朝に夕に、コンブ漁のそばから離れずにいる

日本百名島の旅 加藤のイチオシ

2 浜辺に流れ着くコンブは「拾いコンブ漁」で獲る。揚がったばかりのコンブは水分を含み重い

5 厚岸町の床潭から見た厚岸小島の景観。広い浜を見ればこの島がコンブ漁に最適なことがわかる

4 浜に立つ柱に旗が掲げられると出漁である。深い霧の中でそのスタートの合図を待つ漁師たち

早朝の出漁、干場に並べられるコンブ、乾燥後の取り込み、そしてウミネコたちのミャーミャーという哀愁ある鳴き声――。とても小さな島ではあるが、そんなコンブの生産活動と大自然との一体感を間近に感じられる島なのだ。

実はこの島へは定期船というものがないため、一般的に渡ることができない。ただ、〝日本百名島〟というものを考えたとき、日本に夏の一時期だけコンブ一色に染まるような島があるのだということをどうしても知ってほしいと思ったため、かつて上陸することができたときの体験をここに記すことにした。

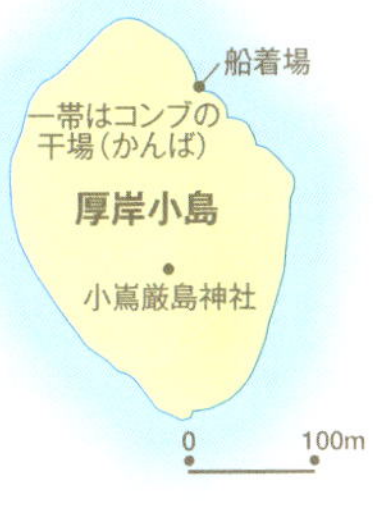

アクセス　定期航路なし。

88

青《あお》ケ《が》島《しま》

黒潮と断崖に囲まれた火山島

東京都

1 凄まじい波にも耐えられるように分厚いコンクリートで固められた三宝港

要塞のごとき港は波高し

伊豆諸島、八丈島の南約70キロにあり、都心からは350キロ離れた伊豆諸島で最南の有人島である。近海は黒潮の流れる暖かい海で魚類も豊富なのに、島の周囲が切り立つ崖で思うように漁船が出せないなど、港や海の条件が厳しいためこの島には専業漁師がいない。

まず青ヶ島の第一歩はこの〝厳しい海と港〟をじっくり見ることから始まる。その〝凄さ〟を見てこそ、青ヶ島の人々にとっての平穏な日常生活というものがよくわかるからだ。

三宝《さんぽう》港は島唯一の港で、120トンの定期船はこの港に着く。桟橋とあ

島を楽しむコツ

- 切り立つ崖、港の奇観に圧倒される
- 青ヶ島に受け継がれる青酎を味わう
- 二重カルデラの景観と自然を楽しむ

DATA

人口173名／面積5.98㎢／周囲9.4km／最高地点423m（大凸部）／青ヶ島村総務課☎04996-9-0111

百名島の名物

島ずし。メダイなど白身魚を漬けにしたにぎりずし

5 青酎の仕込みが始まるのは毎年11月から12月にかけてである。醸造所のまわりには青酎の芳香が漂い始める

2 3 黒潮の荒海にある火山島で、島のまわりはすべて断崖になっており、砂浜は一か所もない

4 以前ほどではなくなったが、牛の生産が盛んである。毎年8月に牛祭りが盛大に行われる

たり全体がコンクリートで固められ、まるで要塞のような威容を誇る。こういう景観の島は国内ではほかに見あたらない。船客待合所や道路は大波を避けるため、港のずいぶん上の方にある。これは海がシケると桟橋が波しぶきですっぽり隠れて何も見えなくなるためだというから、さぞかし凄まじいことだろう。

島独特の製法、幻の芋焼酎

　青ヶ島でとれたサツマイモ（カンモ）で造る島の焼酎を「青酎《あおちゅう》」という。ひと口飲んだ人はそのおいしさをいろいろな言葉で表現する。たとえば「味はまろやかで、くせになる独特な香りが…」というようにである。その独特な風味というのはおそらく青ヶ島の池之沢の森の中に生育する植物、オオタニワタリを製造過程で使うからだろう。

　青酎は島内8か所で造られ、それぞれ微妙な味わいの違いがあるとい

11

7

6

8

6 噴気孔の上に作られた「蒸し器」 7 池之沢にある地熱サウナ風呂の施設　8 内輪山の斜面、池之沢付近に多い噴気孔（ヒンギャ）

10

9

9 内輪山火口部は今、鬱蒼とした森になっている　10 群生するオオタニワタリ

われるので、飲み比べてみるのもおもしろいだろう。

　もともと青酎は島の人々が自分たちのものとして造りはじめた酒で、生産量は少なく島外にはほとんど流通しない。だから島外では〝まぼろしの酒〟である。しかし、青ヶ島に行けば青酎は十分にあり、民宿や居酒屋で頼めばいくらでも飲むことができる。孤島での語らいに青酎のうまさはまた格別なので、ぜひ味わっておきたい。

池之沢の森と火山の噴気孔

　青ヶ島の自然景観を見る〝絶景地〟の一つは外輪山上の最高峰、標高４２３メートルの大凸部《おおとんぶ》である。噴火でできた二重カルデラという特異な景観が一望できるからだ。

　「天明の大噴火」から約２３０年を経た現在、カルデラと内輪山は緑の木々が繁茂し、火山の荒々しさはほとんど見られない。しかし、内輪

11 大凸部から見たカルデラの全景。地肌の出た場所が池之沢

山の一角、池之沢は今もなお地熱と噴気がよくわかる場所なので行ってみよう。

池之沢で地面に手を当てると温かいのは、この下でまだ火山活動が続いていることの証明である。島の人が「ヒンギャ」と呼ぶ噴気孔も随所で白い噴気を上げていて、ここに立つと火山の胎動を実感できる。そこには噴気を利用した蒸し器があり、卵やアシタバ、イモなどを持参して20分ほど入れておくと、蒸されておいしく食べられるので遊びがてらやってみよう。

アクセス　八丈島から客船で約2時間30分で三宝港へ（月～土曜運航）。空路は、八丈島と青ヶ島を結ぶヘリコミューター・東京愛らんどシャトルで約20分。

89

日本で唯一、淡水湖の中にある有人島
沖《おき》島《しま》

滋賀県

1 琵琶湖の朝焼け。早朝から船を出すのは海の漁と同じである
2 浜辺や漁港で磯のにおいがしないのは拍子抜けだが、漁船の船だまりを見ているかぎり海の漁港と変わらない

島を楽しむコツ

- 海の島にはない島のにおいを探す
- 奥津島神社境内から集落の眺望よし
- 西福寺の幽霊の掛け軸を拝観する

DATA

人口328名／面積1.52㎢／周囲6.8km／最高地点220m（沖島山）／近江八幡観光物産協会☎0748-32-7003

百名島の名物

日本の伝統的発酵食品・鮒ずし。薄く切って食べる

淡水湖の島ならではのおもしろさ

近江八幡市宮ノ浜の北西約2キロ、琵琶湖の中にある沖島は国内唯一の淡水湖上の有人島である。

沖島に来ると、他の島では当たり前と思っていた磯の香りや、波、潮騒といったものが一切ないことに「あれっ？」と感じさせられる。全国各地の島を旅していて、常に海の島を意識しているせいかもしれないが、ここが湖の中なのだと思うと何とも不思議な気分になるのだ。

ところで、沖島の特産物といえば、何といっても鮒ずしが有名である。琵琶湖で獲れるニゴロブナを一年がかりで発酵させて作る「なれずし」

5 湖畔に1軒だけ民宿がある。宿の縁台からは漁の風景が間近に見られる

3 雨乞い弁天として信仰されている弁財天神社（厳島神社）。明治9（1876）年の旱魃のとき雨乞いを行った記録を残す神社である

4 淡水魚の漁獲の多くはアユ、ニゴロブナで、ほかにビワマス、スジエビ、ウナギなどが獲れる

6 集落の真裏にある奥津島神社からは集落も対岸の近江八幡も望める

の一種で、特有の強い風味で好みは分かれるが、食べてみると意外においしいのだ。春になると漁師の家々が密集する路地裏では、ニゴロブナを塩漬けにする作業が始まり、それを見学しながら集落散歩をしてみるのもいいだろう。

さて、漁港から西側沿岸に抜ける小道を進んでいくと、浄土真宗の僧・蓮如上人ゆかりの西福寺がある。この寺には世にも珍しい幽霊を描いた掛け軸があり、拝観してみるのもいいだろう。

アクセス　近江八幡市・堀切港から客船で約10分、沖島港へ。

本州最西端にある山の神の島

90

蓋《ふた》井《おい》島《じま》

山口県

1 集落から少し離れた段々畑の途中にあるこんもりとした森が「四の山」
2 山の神の森は全部で4つあり、神事はそのすべてで個別に行われる。「四の山」で"神送り"を執り行う神官

島を楽しむコツ

- 迷路の集落を勘を頼りに歩いてみる
- 金比羅山に登って絶景を眺める
- 民宿に泊まってうまい魚介を食す

DATA

人口104名／面積2.35㎢／周囲10.4km／最高地点252m／下関市観光政策課 ☎083-231-1350

百名島の名物

いつ行ってもブリやマダイなど獲れたての魚がある

6年待ちこがれ、神事を見に行く

下関市吉見《よしみ》港の西北約7キロにあり、全島山が連なる本州西端の島だ。蓋井島で6年に一度行われる「山《やま》の神《かみ》神事《しんじ》」は、〝山の神〟の祭祀としては大がかりで極めて貴重なもの。この神事が行われる日をねらって島を訪れることこそ、蓋井島を楽しむ醍醐味の一つといえるだろう。

島内4か所にある山の神の森からそれぞれの神のお世話をする当元《とうもと》の家に神を迎え、人と神がいっしょに食事をした後、再び山に神を送るというもので、3日間かけて行われる。

神事の初日は神迎《かみむか》えといい、当元の家の奥の間に祭壇が作られて御供《おそなえ》

3 金比羅様を祭る標高145mの金比羅山。ここから眺める乞月山と集落の景色は雄大で美しい

日本百名島の旅 加藤のイチオシ

6 当元の家の神の間は神事が始まるとすべてが終わるまで戸は閉められたまま。神送りが終わるとこうして開けられる

4 山の神神事のときには、4つの山の当元の家でこのようなご馳走が用意される
5 集落は港から坂道を上る斜面にあり、入り組んだ路地を歩くと迷路のようでおもしろい

がされる。その準備にかかる島の長老たちの快活さは、6年ぶりのめでたい日の喜びを表している。2日目が神と食事をする大晦《おおまかな》いで、3日目は奥の間の襖を開けて神を山に送る神送《かみおく》りの神事だ。神々に守られて暮らし感謝の気持ちを伝える3日間はこうして過ぎていくが、昔ながらのかたちで山の神様を奉《たてまつ》る神事を今に伝えるのはこの蓋井島だけである。

集落の裏にある金比羅《こんぴら》山（145メートル）から見る集落と港と乞月山《こいづきやま》の眺望は、ぜひとも目に焼きつけておきたい景色である。

アクセス　下関市・吉見港から客船で約35分、蓋井島港へ。

福岡県

91

小呂島《おろのしま》

真っ青な玄界灘の桃源郷

1 夏に解禁となる海女の潜水漁は島の周囲の沖合100メートルぐらいまでで行われる

島を楽しむコツ

- 真夏の漁期には潜水漁を磯で見る
- 弁当と水は持参したほうが効率的
- 歴史ある小呂小・中学校を見学

DATA

人口210名／面積0.43km²／周囲3.3km／最高地点109m／福岡市企画調整部☎092-711-4086

百名島の名物

県の貴重種、ガガイモ科のクロバナイヨカズラ自生地

滞在時間3時間で日帰りの島

博多港の北西約45キロの玄界灘にある孤島である。福岡市の島でありながら、福岡の人々にもあまりなじみがないかもしれない。というのも島には宿泊施設がなく、日帰り可能な定期船がある日にしか行くことのできないという、ちょっとした秘境だからだ。

そんな小呂島では、珍しい光景や見知らぬ風物を見つけ出すチャンスが多い。たとえば夏休みに行くと、その時期は海女たちを乗せた漁船が島の裏側へ回り込んで潜水漁を行う。陸から、漁をしている磯に近づき、潮風を受けながら漁の様子を見せて

日本百名島の旅 加藤のイチオシ

2 福岡から約1時間で目の前に見えてくる小呂島は真っ青な海の中にある

5 昭和36(1961)年まで校門に掲げられていた木製の校札が校長室に大切に保存されている

3 島の南東端から見た漁港の景観
4 島の氏神として信仰を集める七社神社は、大漁祈願と航海安全の神々を祭る

もらうのもいい。また、磯に上がった海女同士の語らいなども聞けて楽しいものである。

港から一番離れたところにある小呂小・中学校にも足を運びたい。職員室の先生にひと声かけると学校内を見せてもらえる。校長室の一角には、まるでこの島の博物館であるかのように古い校札などが誇らしげに展示されている。

船便の関係で島の滞在時間は3時間という制約付きになってしまうが、周囲3キロほどの大きさであるから、その時間内でも十分にこの秘島を堪能できるだろう。

アクセス　福岡市・姪浜(めいのはま)港から客船で約1時間5分。なお、姪浜午前発、小呂島午後発の船便は曜日に制限があるため要注意。

92

長崎県

航空自衛隊分屯基地の島

海《う》栗《に》島《しま》

巨大なレーダードームを備えた航空自衛隊基地。島内は静かで物々しさは感じられない

巨大なレーダーが置かれた国境の島

対馬島《つしまじま》の北端、鰐浦《わにうら》の北約1キロに対馬海峡をはさんで韓国と向き合う自衛隊基地の島。国防上の機密もあり、本来は関係者以外は上陸ができない島だが、5月の連休ごろのヒトツバタゴの開花に合わせて、特別に一般人の見学が設定される年もある。鰐浦から10分の航海後、自衛官の説明を受けながら基地の施設を見学することができる。しかし残念ながら2010年からこの見学が中止されているのが現状である。今後も保安管理の諸事情に支障のない範囲で再開してくれることを期待したい。

海峡を見下ろす方向の土中に設置されたトーチカ。戦時中は実際に使われた

日本百名島の旅 加藤のイチオシ

島を楽しむコツ

- 鰐浦港から基地の外観を眺望
- トーチカ（要塞）を間近に見られる
- 海栗島から見る対馬もまた美しい

DATA

人口62名／面積0.09㎢／周囲2.1km／最高地点29m／対馬観光物産協会☎0920-52-1566

百名島の名物

5月に開花するヒトツバタゴ。対岸の鰐浦が自生地

1 頑丈なレンガ造りの建物だったようだが、半世紀近く海風にさらされ風化の一途をたどる

長崎県

93

端《は》島《しま》

産業遺産として生き続ける島

島を楽しむコツ

- できるかぎり望遠レンズを持参する
- 船上から“軍艦”のアングルを見つける
- 廃墟の建物は見学通路の広場で撮る

DATA

人口0名／面積0.06㎢／周囲1.2km／長崎市コールセンターあじさいコール☎095-822-8888

百名島の名物

島のシルエットが旧海軍の軍艦「土佐」に似ている

石炭採掘で興隆を極めた島

端島という名前を聞いてわからない人がほとんどでも、軍艦島といえば知る人が多い。島の外観がまさしく軍艦のように見えるところから名づけられた島である。

長崎港からわずか18キロの南西洋上にあり、戦後の高度経済成長を支えた石炭エネルギーを産出した島である。石炭景気に沸いた好況期の最大人口は五五〇〇人ともいわれて、東京都の人口密度より高かった。しかし昭和47（1972）年の閉山と共に無人島となり、当時のアパートやビルの建物は廃墟となっていた。

それでもこの島を見学しようと上

5 北側から南向きに島を見ると、ちょうど船尾から見た船の景観である。人々が暮らした70棟もの建物がぎっしりと建ち並ぶ姿は壮観である

2 坑内作業を終えた炭鉱夫が入ったという大浴場は、現在も原型をとどめている

3 昭和20(1945)年に建てられた鉱員住宅の65号棟。屋上には幼稚園があった

4 北西側にある、普段は使われなかった島の出入り口。要塞のような造りである

陸する人が後を絶たなかったため、平成21年（２００９）年に長崎県により石炭産業の文化遺産の島として整備され、島内の一部が公開された。軍艦島の何がそれほど人々を魅了するのかというと、それは朽ちて廃墟となってしまったものの中に、〝人々の生産活動と暮らしがあった証《あかし》〟を見出して心打たれるからだろう。

美しく、そして静謐な廃墟へ

軍艦島に上陸する方法としては「軍艦島上陸・周遊ツアー」に参加するのが唯一である。長崎港から約3時間かけてのコースで、海上から廃墟となった高密度住宅群を見学した後に上陸し、約２２０メートルの見学通路を通って島の南西部を見て歩くというもの。ここを見て歩けば島の約五分の一を見学したことになる。

乗船前に簡単に島のレクチャーを受け、船に乗り込む。20分ほど航行するとやがて海上間近に迫ってくる軍

日本百名島の旅
加藤のイチオシ

艦島の姿に多くの乗船客から感嘆の声が上がる。煤《すす》けたコンクリートの色、窓枠をなくしたアパート群がまるで戦争で空爆を受けたような姿で建つ様子に見学者たちは言葉を失う。

そして船はドルフィン桟橋に着けられ、記念すべき第一歩をしるすことになる。目の前の炭鉱施設や遠くのアパートと同じ地面に立てることに感激することだろう。

周囲1キロたらずの島の中に70棟ほどある建物のすべては風化にまかせるままである。見学者が語り合う声以外は、風の音と野鳥のさえずりぐらいしか聞こえない、静かで美しくもある廃墟である。

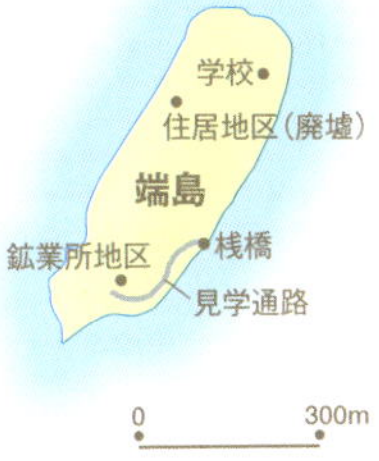

アクセス　定期航路なし。長崎港発の上陸ツアーを利用。

噴煙上げる洋上の火山島

94

硫《い》黄《おう》島《じま》（薩《さつ》摩《ま》硫《い》黄《おう》島《じま》）

鹿児島県

1 硫黄島全景。標高704mの硫黄岳は活発な火山活動を続け、今も噴煙が上がる

九州本土に近い島で秘境感を満喫

薩摩半島の南、わずか50キロほどの洋上にある火山の島である。太平洋戦争で激戦地となった硫黄島《いおうとう》と間違えられることが多いので「薩摩《さつま》硫黄《いおう》島《じま》」と呼ぶこともある。

鹿児島を経由して屋久島や奄美大島などへ向かう人々が多い中で、本土からこれほど近い場所にある硫黄島があまり知られていないこと自体、まさに秘境の島として十分の資格をもつだろう。

船が港に入るとき、乗船客がまず驚くのは茶色に濁る海面である。海中からの噴気で茶色く変色したもので、その中を定期船は悠々と入港し

島を楽しむコツ

- 硫黄島入港時の茶色の海面を見る
- 『平家物語』ゆかりの史跡を探索
- バスタオル持参で東温泉を楽しむ

DATA

人口110名／面積11.65㎢／周囲19.1km／最高地点704m（硫黄岳）／三島村役場☎099-222-3141

百名島の名物

大名竹の水煮（手前）を炊いた煮物などが島の郷土料理

4 硫黄みょうばん泉の東温泉は波打ち際にある。脱衣所も何もないまったくの野天温泉

2 硫黄と鉄分で茶色に変色した硫黄島港
3 熊野神社に奉納される面殿(めんどん)。この面をかぶり、暴れまわって五穀豊穣と無病息災を願う

5 硫黄島港の浜辺近くに建つ俊寛像。『平家物語』で、島流しにされた俊寛が赦免船に乗ることができず、絶望して打ち伏したところといわれる
6 俊寛堂は俊寛が亡くなった後に建てられたお堂である

日本百名島の旅 加藤のイチオシ

ていく。

島の中は深い藪が多く、原生林に覆われた秘境感は十分。しかもそこには『平家物語』に語られる俊寛ゆかりの史跡も点在している。

火山島の恩恵を丸ごともらうには温泉が一番。豪快に波が打ち寄せる東《ひがし》温泉は野趣あふれる野天温泉だ。遠くに屋久島《やくしま》や口永良部島《くちのえらぶじま》を眺め、波音を聴きながら湯船につかれば、まさに秘境感の極みを体験できる。

 アクセス 鹿児島本港南埠頭からフェリーみしま(週3便)で約3時間45分。

屋久島から渡る、釣りと温泉の島

95

口《くちの》永《え》良《ら》部《ぶ》島《じま》

鹿児島県

1

2

1 ごつごつとした海岸部を見るだけでも火山の島ということがわかる。後方が噴火を繰り返す新岳である
2 口永良部(本村)港に入港する定期船フェリー

心ゆくまで天然温泉につかる

九州本土最南端の佐多岬から南東へ約75キロ、活火山・新岳《しんだけ》のある島だ。秘めた魅力をもつ〝秘島〟として、この島には二つの大きな魅力がある。

一つは海釣りだ。島の周囲は黒潮の真っただ中である。イソマグロやカンパチなどの大物やイシダイがよく釣れる島として、全国の太公望からの評価が高い。宿泊先に釣り人たちが泊まっていると、釣果があったときなどそのおすそわけで刺身三昧になることもあるほどだ。

そしてもう一つの魅力は天然温泉である。島内の4か所にある温泉はすべて成分と効能が違うので、温泉

島を楽しむコツ

- 4つの天然温泉にすべて入る
- 各温泉と島一周は、宿に車を頼む
- 寝待温泉に隣接の貸家で自炊湯治

DATA

人口146名／面積38.04㎢／周囲49.67km／最高地点657m／屋久島町口永良部出張所☎0997-49-2100

百名島の名物

島の民宿では、獲れたばかりの魚介類が食卓に並ぶ

日本百名島の旅 加藤のイチオシ

3 廃校の木材や廃材を利用しながら、長期間をかけ手作りで建てられた宿泊施設・民宿くちのえらぶ。ガラス戸を取り外して開けたロビーとベランダが気持ちよい

6 寝待温泉に隣接してある自炊滞在者用の貸家

7 寝待温泉は含硫黄塩化物泉で湯の花で白濁した湯。効能は皮膚病、神経痛など

4 島の東部にある湯向(ゆむぎ)温泉は炭酸水素塩泉で無色透明だが湯の花が多い。効能は神経痛など

5 本村集落から比較的近い西ノ湯は、ナトリウム塩化物泉で源泉は70度と高温。効能は神経痛など

好きの人にはたまらない。本村《ほんむら》集落の中の1か所以外は、島の北海岸線に点在している。湯小屋の中には潮風にさらされたものもあり、秘島の温泉という雰囲気にあふれている。

湯をじっくり楽しみながらできるだけ長期間滞在したい。とくに本村集落から8キロ離れた寝待《ねまち》温泉には、自炊で滞在できる貸家があるので、食材などを買い込んで泊まってみるのもいいだろう。

アクセス　屋久島・宮之浦港からフェリーで約1時間40分。奇数日と偶数日で出発時間が異なるので注意。

96

ボゼが現れる神々の棲む島
悪《あく》石《せき》島《じま》

鹿児島県

1 旧盆のころの帰省客を乗せて島を一周する臨時船が運航されることもある
2 上集落に向かう山道から見た「やすら浜」と桟橋。画面左中央、山肌の露出したところが湯泊温泉

島を楽しむコツ

- 二つある集落をのんびり散策する
- 天然温泉と砂むし風呂で癒やされる
- 旧盆行事に現れる仮面神ボゼを見る

DATA

人口59名／面積7.49㎢／周囲12.64km／最高地点584m（御岳）／十島村役場☎099-222-2101（代表）、悪石島出張所☎09912-3-2063

百名島の名物

サワラの塩辛。塩味は薄くご飯のおかずにもなり美味

素朴な島の楽しみ方は集落歩きから

北上する黒潮のまっただ中、鹿児島県の屋久島と奄美大島の間に点在するトカラ列島の有人7島のほぼ中央にある島だ。黒潮の暖かい海流の影響を受けて、春先になると島のまわりの海面ではトビウオが飛ぶ姿をしばしば見られる。

悪石島は地理的な不便さもあって来島者が少なく、観光化されずにいるところが最大の魅力であろう。そんな素朴な島に着いたら、まずは二つの集落を歩いてみよう。

港のそばに民家が数軒あるところが「浜」集落だ。磯から離れて家があり木々に囲まれているためか、漁

3 やすら浜に近い浜集落の民家　4 対馬丸慰霊碑。終戦間際に疎開学童輸送中、米軍の攻撃で沈没した

5 雨の日も楽しめる「砂むしぶろ」は屋根付きで、すぐ横はキャンプ場でテントを設営できる

6 桟橋や船を見ながら野天の海中温泉を楽しめる場所は数少ない。悪石島のこの海中温泉は熱めなので満潮時に入ってちょうどいい

業の島という感じがほとんどしない。

ここからもう一つの「上《うえ》」集落に向かう坂道は、南国らしい趣のある道だ。道の両側にはバナナ状の実がたわわに実るバショウの畑があり、大きな葉が風に揺れて涼しげである。坂の途中で後ろを振り返ると、急峻な山すそにやすら浜と海に延びる桟橋が一幅の絵のように見え、これがまた印象深い光景だ。

さらに20分ほど歩くと、ビロウやガジュマルが茂る上集落に入る。それまでひと気のない道を歩いて来ただけに、集落と人家を見つけるとほっとした気分になるだろう。

ユニークな3種の温泉を楽しむ

宿に風呂があっても、悪石島へ来たからには、特色ある島の温泉には必ず入っておきたい。

まず、やすら浜桟橋の真向かいの浜にある海中温泉だ。岩の間から湧き出る熱めの温泉と海水が混ざった

ところにつかるという、野趣たっぷりの野天温泉。波音も心地いい。

もう一つは浜集落から徒歩30分、西海岸の道の突き当たりにある湯泊温泉だ。神経痛などに効く54度の塩化物泉で、湯量が多く常に豪快な掛け流し状態でかなり贅沢である。

そして極めつけは湯泊に隣接してある「砂むしぶろ」。地熱のある砂地に毛布を敷き、ごろりと寝ころんで温まるというもので、一、二時間ゆっくり汗をかいて楽しみたい。

なんとしても見ておきたい「ボゼ」

悪石島には神を奉る社がいたるところにあり、島の人々はその神々と共に暮らしている。

そのように信仰深い悪石島の最大の行事といえば旧盆である。年に一度、先祖の霊をなぐさめるこの日に仮面をかぶった恐ろしい形相の神、ボゼが現れるのである。

泥を塗ったクバの葉を身にまとい、

10 旧盆の日、各家々のご先祖様の祭壇にはさまざまな供え物が並べられる

8 島で採れたものを使って作る「豊祭（ボゼ）弁当」は盆行事や祝いのときの創作弁当

9 上集落の木立の中にある坂森神社は小さな社で、はっきりとした参道がついていない

11 島内の聖地「テラ」で島の人々の盆踊りが始まる。円くなって踊るその手には扇子を持つ

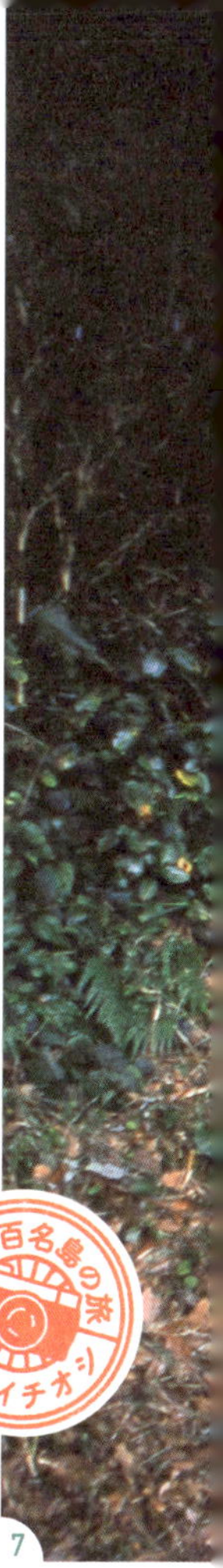

日本百名島の旅
加藤のイチオシ

7 集落に突然出現した仮面神「ボゼ」。逃げまどう女性や子供たちを主に追いかけて泥をつける

大きな耳と異様に長い鼻、カッと見開いた真っ赤な目と大きな赤い口のボゼは、泥を付けたボゼマラという棒で威嚇しながら人々に近づき、その泥を塗りつけていく。魔物を追い払う行事とはいえ、ボゼが向かってくると恐ろしく感じるものである。

公民館広場でひとしきり暴れまわった3体のボゼはやがて潮が引くようにどこかへ去り、あっけないほどの早さで幕引きとなる。粗野でちょっと怖いところもあるが、子供のように無邪気に逃げ回るのが楽しい行事である。

アクセス　鹿児島本港南埠頭からフェリーとしま（週2便）で約10時間15分。奄美大島・名瀬港からは約5時間5分。

こんなにも明るい秘境の島

97

宝《たから》島《じま》

鹿児島県

1 定期船が発着する前籠(まえごもり)港。どんなに早朝や深夜であっても、島の生命線を支える定期船の到着をみな心待ちにして港にやって来る
2 イマキラ岳の展望台から荒木崎を見る。さえぎるものがなく爽快な風景だ

絶景もビーチも独り占め？

鹿児島市から南西へ約270キロ、トカラ列島の南部に位置する島だ。名前を聞いただけでロマンと冒険心をかき立てられる島である。

宝島に上陸すると、不思議なことに観光客をはじめ島の住人にもなかなか出会うことがない。たとえばこの島唯一のビーチである大籠《おおごもり》海水浴場へ行っても、思いのままに海を独り占めできるのだ。体まで染まるようなマリンブルーの美しい海で思う存分スノーケリングを楽しみ、設備の整ったビーチサイドの静かなキャンプ場で気ままに過ごすこともできる。そんな〝自分ひとり〟という贅

島を楽しむコツ

- 大籠海水浴場でまずひと泳ぎ！
- イマキラ岳からの大海原絶景を
- 集落内の友の花温泉につかる

DATA

人口117名／面積7.14㎢／周囲13.77km／最高地点292m(イマキラ岳)／十島村役場☎099-222-2101(代表)、宝島出張所☎09912-4-2129

百名島の名物

船が港に着くと、まず出迎えてくれるにぎやかな壁画

日本百名島の旅 加藤のイチオシ

3 大籠海水浴場はまるでプライベートビーチのようだ。一日中いてだれとも会わないこともある

5 南端に建つ四角い形の荒木崎灯台はイマキラ岳から見て美しい風景の中にあるが、間近でも絵になる灯台である

6 島の砂丘で栽培する“島らっきょう”は大きくて柔らかい。塩を付けて生食にするほか天ぷらもおいしい

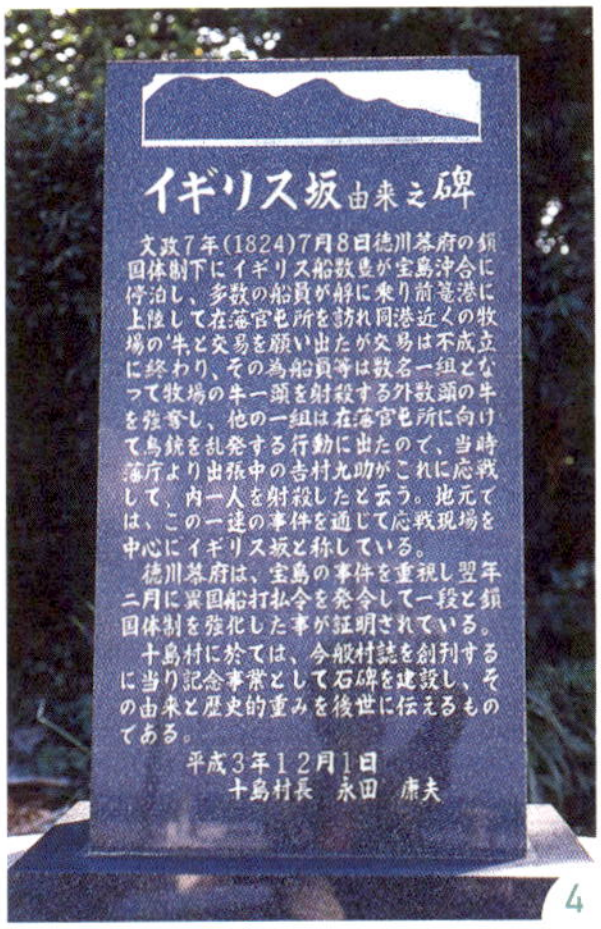

4 文政7(1824)年、イギリス船の船員たちと藩庁の役人との間で撃ち合いがあった場所「イギリス坂」に建つ碑

沢を満喫できる島というのもたまらなくいいものだ。

海を満喫したら、次は島の最高所を極めてみたい。標高292メートルのイマキラ岳展望台にはぜひ登っておこう。眼下に広がる雄大な島の裾野の広がりに圧倒されるだけでなく、360度見渡すかぎりの大海原という絶景の中の絶景は、ほかではなかなか見られないものだ。〝気持ちのいい島の景色〟という点で考えるなら、宝島は国内のトップクラスの場所といえるだろう。

アクセス 鹿児島本港南埠頭からフェリーとしま（週2便）で約12時間15分。奄美大島・名瀬港からは約3時間5分。

奄美群島の中に息づく桃源郷

98

請《うけ》島《しま》

鹿児島県

池地(いけじ)地区の山中にあるウケユリの自生地。ハブもいるところなので案内人とともに

ウケユリは請島のほかに、奄美大島、加計呂麻島など奄美群島の一部の島に自生する希少種（写真提供：瀬戸内町／町健次郎氏）

日本百名島の旅 加藤のイチオシ

濃厚なユリの芳香が山を包む

加計呂麻《かけろま》島の南約2キロ、深い森に覆われた奄美群島の一つ。

この島で特筆しておきたいのが、請島の名を冠するウケユリである。一般的にユリは香りを放つ花として知られるが、ウケユリの花はとくに濃厚な芳香を漂わせ、花が見えなくてもどこにあるかがわかるほどだ。

ウケユリは特別に保護されている管理地に咲くため、花を見るには案内人の同行が必要。ユリを見た後は島で一番見晴らしのいい398メートルの大山まで案内を頼めば、奄美の島々を望む絶景も楽しめる。

島を楽しむコツ

- 案内人を頼みウケユリを観賞
- 固有種のクワガタもいる自然にふれる
- 近隣の島々の景観は398mの大山で

DATA

人口85名／面積13.34㎢／周囲24.8km／最高地点398m（大山）／瀬戸内町観光協会☎0997-72-4567

百名島の名物

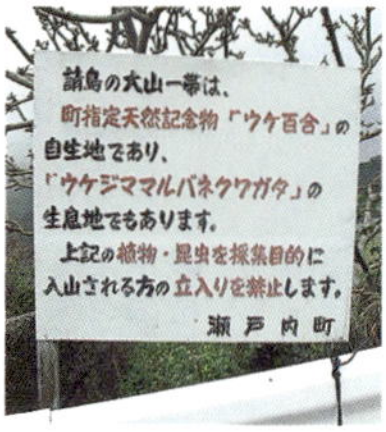

請島の名が付いた貴重な動植物は大切にしていきたい

アクセス 奄美大島・古仁屋(こにや)港から客船で請阿室(うけあむろ)港へ約45分、池地(いけじ)港へ約55分。曜日によって運航スケジュールが異なる。そのほか、古仁屋港に停泊している海上タクシーを利用。

かつてこの島には700名近くもの人が住んでいた。道や石垣にその面影を残している

伝統の祭りを守り続ける島

99

新《あら》城《ぐすく》島《じま》（上《かみ》地《じ》島《しま》）

沖縄県

日本百名島の旅 加藤のイチオシ

海上を往く外国船を監視したり、のろしを上げて通信したといわれる石造りのタカニク（火番盛）

静寂に包まれた集落を歩く

石垣島の南西約25キロにある八重山諸島の一つ。人口も少なく、定期船の運航はないため、新城島へ上陸するツアーなどに参加して行くのが一般的だ。夏に行われる盛大な豊年祭のときだけは島の出身者たちが数百人も訪れるが、残念ながら島外者はこの祭りに参加できないのだ。

静かな集落にほとんど人影はなく、鳥のさえずりと静かな波音だけが聞こえてくる。奥に御嶽《うたき》があるといわれる鳥居の前に立つと、神聖な場所であるためか身も心もシャンとしてくるから不思議である。

島を楽しむコツ

- もう一つの新城島、下地を南端で見る
- 鳥居のある場所は聖地で立入禁止
- タカニクに立ち、海の景色を眺める

DATA

人口12名／面積1.76㎢／周囲6.2km／最高地点13m／竹富町観光協会（石垣事務所）☎0980-82-5445

百名島の名物

御嶽（うたき）に入ってはいけないが厳かな空気が漂う

アクセス　定期航路なし。石垣島・石垣港からチャーター船か、新城島に上陸するツアーを利用。

100

沖縄県 与《よ》那《な》国《ぐに》島《じま》

台湾を見はるかす最西端の島

1

2

1 小型でよく働く農耕馬として、ヨナグニウマは昔から島で飼われていた。今も農作業に行く古老がよく使う
2 島の最西端、西崎(いりざき)に建つ「日本国最西端之地」碑

島を楽しむコツ

- 西崎から台湾が見えるかチャレンジ
- 在来馬のヨナグニウマに体験乗馬
- アヤミハビル館で日本一の蛾を見る

DATA

人口1564名／面積28.84㎢／周囲28.6km／最高地点231m（宇良部岳）／与那国町役場☎0980-87-2241

百名島の名物

ヨナグニサン。日本最大の蛾で20㎝ほどの大きさ

定番の沖縄ともひと味違う西の果て

石垣島の西約125キロ、台湾まではわずか111キロという、日本の最西端にある国境の島である。

南西諸島の島々は「琉球弧《りゅうきゅうこ》」と呼ばれ弓なりに続いているが、与那国島がまさに最果てとなる。そしてここまで来ると沖縄らしい風景や文化とはやや様相が異なってくる。

たとえば石垣島や竹富島のような美しいマリンブルーのビーチは少なくなり、荒々しい断崖や奇岩が続く海岸線が圧倒的に多い。そのスケールの大きさは、沖縄らしい楽園のイメージとは一線を画している。

そういう見方で訪ねると、この島

3 西崎の展望台から台湾方向を見ると、西日で銀盤のようになった海面に雲の陰が遠近を描き出す

日本百名島の旅 加藤のイチオシ

5 祖内(そない)集落近くには、一つ一つが巨大な亀甲墓(きっこうばか)が並ぶ浦野墓地がある
6 聖地でもある立神岩と、砂浜がなく荒々しい断崖が続く南東海岸線の景観

4 島の生活で使われたものなどを展示する与那国民俗資料館。島に伝わる文化を間近で見られる

は実に興味深い。まず一つは日本最大の蛾といわれるヨナグニサン。雨上がりに草木の陰をヒラヒラと飛んでいることが多いというので、ぜひ見てみたいものである。また農耕馬として活躍してきた小型のヨナグニウマも、日本に現存する8種の在来馬の一つとして貴重なものだ。

　最西端のこの島にしかないものを探してみるとおもしろく、普通に見つけられるものでも、それがすべて〝最西端の〟となりうる島なのである。

アクセス　石垣島・石垣港からフェリー(週2便)で約4時間30分、与那国島・久部良港へ。空路は、石垣空港から約35分、那覇空港から約1時間30分。

加藤庸二・選
『日本百名島』全リスト
一度は行きたい100の島々

都道府県名
□百名島
市町村名
❶中心部の緯度N　経度E
❷島の特徴
❸島の名物
p.00

旅した島には☑チェックをしておきましょう

北海道

□礼文島《れぶんとう》
礼文町

❶N45度23分　E141度1分
❷高山植物が咲き乱れる島
❸ウニ・カジカ・桃岩荘
p.8

□利尻島《りしりとう》
利尻町／利尻富士町

❶N45度11分　E141度14分
❷島まるごとが利尻山
❸利尻コンブ・ウニ
p.12

北海道

□天売島《てうりとう》
羽幌町

❶N44度25分　E141度19分
❷希少種も集う海鳥の楽園
❸ウニ・夕方の野鳥観察
p.14

□焼尻島《やぎしりとう》
羽幌町

❶N44度26分　E141度25分
❷めん羊を放牧している島
❸羊肉・ミズダコ・ホッケ
p.84

□厚岸小島《あっけしこじま》
厚岸町

❶N42度58分　E144度53分
❷夏だけコンブ漁に沸く島
❸コンブ
p.172

□奥尻島《おくしりとう》
奥尻町

❶N42度10分　E139度28分
❷イカ漁などで活気ある島
❸ウニ・イカ・なべつる岩
p.156

山形県

□飛島《とびしま》
酒田市

❶N39度12分　E139度33分
❷トビシマカンゾウが咲く
❸イカ・魚醤
p.106

宮城県

□金華山《きんかざん》
石巻市

❶N38度18分　E141度34分
❷金運の黄金山神社がある
❸金運開運のご利益・シカ
p.158

□朴島《ほおじま》
塩竈市

❶N38度21分　E141度7分
❷春に菜の花が一面に咲く
❸カキ・菜の花
p.138

新潟県

□粟島《あわしま》
粟島浦村

❶N38度28分　E139度15分
❷名物料理わっぱ煮の島
❸マダイ・アワビ・真竹
p.86

□佐渡島《さどがしま》
佐渡市

❶N38度2分　E138度24分
❷郷土芸能と金山文化の島
❸カキ・いごねり・トキ
p.50

千葉県

□仁右衛門島《にえもんじま》
鴨川市

❶N35度5分　E140度6分
❷代々続く個人所有の島
❸櫓こぎの渡船
p.139

東京都

□伊豆大島《いずおおしま》
大島町

❶N34度44分　E139度24分
❷三原山の火山と温泉の島
❸ツバキ・ツバキ油
p.16

□新島《にいじま》
新島村

❶N34度23分　E139度16分
❷マリンスポーツと大海原
❸クサヤ・ガラスアート
p.18

□式根島《しきねじま》
新島村

❶N34度20分　E139度13分
❷海辺の温泉を楽しめる島
❸温泉・キンメダイ
p.108

□御蔵島《みくらしま》
御蔵島村

❶N33度52分　E139度36分
❷巨樹が見られる秘境の島
❸ツゲ細工・イルカと泳ぐ
p.20

東京都

□ **八《はち》丈《じょう》島《じま》**

八丈町

69.52㎢

p.22

❶ N33度7分 E139度48分
❷ 黒潮真っただ中にある島
❸ 黄八丈・島ずし・アシタバ

□ **青《あお》ヶ《が》島《しま》**

青ヶ島村

5.98㎢

p.174

❶ N32度28分 E139度46分
❷ 奇観の二重カルデラ火山
❸ 青酎、ひんぎゃの塩

□ **父《ちち》島《じま》**

小笠原村

23.80㎢

p.24

❶ N27度5分 E142度13分
❷ 固有の動植物が多い島
❸ ダイビング・クジラ観察

□ **母《はは》島《じま》**

小笠原村

20.21㎢

p.26

❶ N26度39分 E142度9分
❷ 美しい浜が多く緑濃い島
❸ ラム酒・トマト

静岡県

□ **初《はつ》島《しま》**

熱海市

0.44㎢

p.159

❶ N35度2分 E139度10分
❷ 観光地熱海から至近の島
❸ トコロテン

石川県

□ **舳《へ》倉《ぐら》島《じま》**

輪島市

0.55㎢

p.54

❶ N37度51分 E136度55分
❷ 海女の潜水漁と野鳥の島
❸ アワビ・サザエ

愛知県

□ **佐《さ》久《く》島《しま》**

西尾市

1.81㎢

p.140

❶ N34度44分 E137度3分
❷ 野外アート作品が並ぶ島
❸ アサリ

愛知県

□ **日《ひ》間《ま》賀《か》島《じま》**

南知多町

0.77㎢

p.110

❶ N34度42分 E137度0分
❷ 大師巡りと食を楽しむ島
❸ タコ・フグ・シラス

□ **篠《しの》島《じま》**

南知多町

0.93㎢

p.88

❶ N34度41分 E137度0分
❷ シラスの香りが漂う島
❸ シラス・フグ・アナゴ

三重県

□ **神《かみ》島《しま》**

鳥羽市

0.76㎢

p.90

❶ N34度33分 E136度59分
❷ 小説『潮騒』の舞台
❸ タイ・イセエビ・ワカメ

□ **答《とう》志《し》島《じま》**

鳥羽市

6.98㎢

p.56

❶ N34度31分 E136度53分
❷ 細い路地裏散歩も魅力的
❸ ワカメ・寝屋子制度

滋賀県

□ **沖《おき》島《しま》**

近江八幡市

1.52㎢

p.178

❶ N35度12分 E136度4分
❷ 淡水湖内唯一の有人島
❸ 鮒ずし

兵庫県

□ **坊《ぼう》勢《ぜ》島《じま》**

姫路市

1.87㎢

p.160

❶ N34度39分 E134度30分
❷ 恵美酒神社秋祭りは必見
❸ ヒイカの塩辛

岡山県

□ **犬《いぬ》島《じま》**

岡山市

0.54㎢

p.58

❶ N34度34分 E134度6分
❷ レンガ建築の廃墟が残る
❸ 精錬所跡の煙突

岡山県

□ **白《しら》石《いし》島《じま》**

笠岡市

2.96㎢

p.59

❶ N34度24分 E133度31分
❷ 笠岡諸島随一の海水浴場
❸ 白石踊・鎧岩

□ **北《きた》木《ぎ》島《しま》**

笠岡市

7.49㎢

p.142

❶ N34度23分 E133度32分
❷ 花崗岩でできた石材の島
❸ メビウスの輪(彫刻作品)

□ **真《ま》鍋《なべ》島《しま》**

笠岡市

1.49㎢

p.143

❶ N34度21分 E133度35分
❷ 瀬戸内の原風景を残す島
❸ 寒菊・シバエビ

広島県

□ **生《い》口《くち》島《じま》**

尾道市

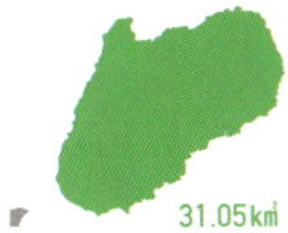

31.05㎢

p.64

❶ N34度18分 E133度7分
❷ 国産レモン発祥と生産地
❸ レモン・干しダコ

□ **大《おお》崎《さき》下《しも》島《じま》**

呉市

17.82㎢

p.62

❶ N34度11分 E132度50分
❷ 昔の面影を残す御手洗港
❸ 大長みかん

□ **下《しも》蒲《かま》刈《がり》島《じま》**

呉市

7.97㎢

p.147

❶ N34度11分 E132度40分
❷ 美術館や史跡が点在する
❸ 姫ひじき・イチゴ

□ **厳島《いつくしま》**

廿日市市

30.39㎢

p.163

❶ N34度17分 E132度19分
❷ 日本三景としても有名
❸ もみじまんじゅう

島根県

□大《だい》根《こん》島《じま》
松江市
❶N35度30分 E133度10分
❷汽水湖の中海にある小島
❸ボタン・高麗ニンジン

5.36㎢
p.112

□隠《お》岐《き》島《どう》後《ご》
隠岐の島町
❶N36度15分 E133度17分
❷神宿る隠岐諸島最大の島
❸牛突き・隠岐そば

242.95㎢
p.164

□西《にし》ノ《の》島《しま》
西ノ島町
❶N36度6分 E132度59分
❷断崖絶壁と奇岩の風景
❸ブリどんぶり

55.79㎢
p.28

□知《ち》夫《ぶ》里《り》島《じま》
知夫村
❶N36度1分 E133度2分
❷火山島の証・赤壁は必見
❸なめみそ

13.01㎢
p.30

山口県

□祝《いわい》島《しま》
上関町
❶N33度47分 E131度58分
❷斜面に建つ家々の練り塀
❸石豆腐

7.69㎢
p.67

□見《み》島《しま》
萩市
❶N34度46分 E131度9分
❷大陸文化を色濃く残す島
❸ブベ汁・見島牛

7.73㎢
p.98

□角《つの》島《しま》
下関市
❶N34度21分 E130度51分
❷巨大な橋で結ばれた島
❸美しい灯台・ハマユウ

3.94㎢
p.116

山口県

□蓋《ふた》井《おい》島《じま》
下関市
❶N34度6分 E130度47分
❷6年に一度の山の神神事
❸ウニ・アワビ・マダイ

2.35㎢
p.180

□六《む》連《つれ》島《じま》
下関市
❶N33度59分 E130度52分
❷貴重な雲母玄武岩がある
❸ガーベラの花・キャベツ

0.69㎢
p.149

香川県

□小《しょう》豆《ど》島《しま》
小豆島町／土庄町
❶N34度30分 E134度16分
❷『二十四の瞳』の舞台
❸オリーブ・そうめん

153.29㎢
p.92

□直《なお》島《しま》
直島町
❶N34度28分 E133度59分
❷美術館と現代アートの島
❸ノリ製品

7.80㎢
p.144

□女《め》木《ぎ》島《じま》
高松市
❶N34度24分 E134度3分
❷石垣塀のオオテがある島
❸大洞窟・きびだんご

2.67㎢
p.146

□塩《し》飽《わく》本《ほん》島《じま》
丸亀市
❶N34度23分 E133度46分
❷水軍で栄えた文化が残る
❸タイ・タイラギ貝

6.75㎢
p.60

徳島県

□出《て》羽《ば》島《じま》
牟岐町
❶N33度38分 E134度25分
❷独特の家並みをもつ島
❸テングサ・トコブシ

0.65㎢
p.113

高知県

□沖《おき》の島《しま》
宿毛市
❶N32度44分 E132度33分
❷急斜面に続く石段の島
❸落花生・キビナゴ

9.99㎢
p.114

愛媛県

□弓《ゆ》削《げ》島《じま》
上島町
❶N34度16分 E133度12分
❷白砂青松が美しい浜あり
❸鯛ご飯

8.61㎢
p.96

□大《おお》三《み》島《しま》
今治市
❶N34度15分 E133度1分
❷大山祇神社へぜひ参拝を
❸ミカン・マダイ・ヒラメ

64.53㎢
p.162

□小《お》島《しま》
今治市
❶N34度8分 E132度59分
❷未使用の戦争遺跡が残る
❸ツバキ並木

0.50㎢
p.148

□日《ひ》振《ぶり》島《じま》
宇和島市
❶N33度9分 E132度18分
❷藤原純友の伝説を残す島
❸ハマチ・アワビ

4.01㎢
p.66

福岡県

□能《の》古《こ》島《のしま》
福岡市
❶N33度37分 E130度18分
❷博多からほど近い花の島
❸能古うどん

3.95㎢
p.150

□小《お》呂《ろ》島《のしま》
福岡市
❶N33度52分 E130度2分
❷日帰りで行く玄界灘の島
❸クロバナイヨカズラ

0.43㎢
p.182

長崎県

☐ 壱《い》岐《き》島《のしま》
壱岐市
❶ N33度48分／E129度43分
❷ 古代からの歴史息づく島
❸ 壱岐焼酎・勝本の朝市

133.92㎢

p.68

☐ 対《つ》馬《しま》島《じま》
対馬市
❶ N34度17分 E129度20分
❷ ツシマヤマネコが棲む島
❸ そば・ろくべえ・蜂蜜

696.10㎢

p.70

☐ 海《う》栗《に》島《じま》
対馬市
❶ N34度42分 E129度26分
❷ 航空自衛隊分屯基地の島
❸ ヒトツバタゴ(鰐浦)

0.09㎢

p.184

☐ 中《なか》通《どおり》島《じま》
新上五島町
❶ N32度57分 E129度5分
❷ 数多くの教会を有する島
❸ 五島うどん・矢堅目の塩

168.06㎢

p.74

☐ 久《ひさ》賀《か》島《じま》
五島市
❶ N32度48分 E128度52分
❷ 五島最古の教会がある島
❸ アラカブ汁

37.35㎢

p.76

☐ 福《ふく》江《え》島《じま》
五島市
❶ N32度41分 E128度45分
❷ 伝統的年中行事が多い島
❸ ミズイカ・ゾウリエビ

326.00㎢

p.78

☐ 生《いき》月《つき》島《じま》
平戸市
❶ N33度22分 E129度25分
❷ キリシタン文化残る聖地
❸ かまぼこ・アジ・アゴ

16.55㎢

p.117

長崎県

☐ 高《たか》島《しま》
長崎市
❶ N32度40分 E129度45分
❷ かつて炭鉱で賑わった島
❸ 高島トマト

1.34㎢

p.152

☐ 端《は》島《しま》
長崎市
❶ N32度38分 E129度44分
❷ 石炭で繁栄した産業遺跡
❸ 軍艦島の異名をもつ島影

0.06㎢

p.185

大分県

☐ 保《ほ》戸《と》島《じま》
津久見市
❶ N33度6分 E132度1分
❷ マグロ遠洋漁業の基地
❸ ひゅうが丼

0.86㎢

p.99

鹿児島県

☐ 上《かみ》甑《こしき》島《じま》
薩摩川内市
❶ N31度51分 E129度53分
❷ 長目の浜と湖沼群の秀景
❸ キビナゴ・カノコユリ

45.09㎢

p.118

☐ 硫《い》黄《おう》島《じま》
三島村
❶ N30度48分 E130度18分
❷ 噴煙上がる活火山の島
❸ 温泉・大名竹・クジャク

11.65㎢

p.188

☐ 種《た》子《ね》島《がしま》
西之表市／中種子町／南種子町
❶ N30度36分 E130度59分
❷ 宇宙ロケットと鉄砲伝来
❸ 安納芋・種子鋏(ばさみ)

445.52㎢

p.80

☐ 屋《や》久《く》島《しま》
屋久島町
❶ N30度20分 E130度31分
❷ 屋久杉の森と水豊かな島
❸ 首折れサバ・屋久杉細工

504.86㎢

p.32

鹿児島県

☐ 口《くち》永《のえ》良《ら》部《ぶ》島《じま》
屋久島町
❶ N30度27分 E130度13分
❷ 良質な温泉と活火山の島
❸ 温泉・エラブツツジ

38.04㎢

p.190

☐ 中《なか》之《の》島《しま》
十島村
❶ N29度51分 E129度52分
❷ 在来種のトカラ馬が生息
❸ 温泉・イセエビ・ビワ

34.47㎢

p.36

☐ 悪《あく》石《せき》島《じま》
十島村
❶ N29度28分 E129度36分
❷ 仮面神ボゼが現れる島
❸ 大名竹・トビウオ

7.49㎢

p.192

☐ 宝《たから》島《じま》
十島村
❶ N29度9分 E129度12分
❷ 港の壁画が来島者を歓迎
❸ 島らっきょう・天然塩

7.14㎢

p.196

☐ 奄《あま》美《み》大《おお》島《しま》
奄美市／龍郷町／大和村／宇検村／瀬戸内町
❶ N28度19分 E129度26分
❷ 独自性強い文化をもつ島
❸ 鶏飯・黒糖焼酎・大島紬

712.21㎢

p.38

☐ 加《か》計《け》呂《ろ》麻《ま》島《じま》
瀬戸内町
❶ N28度7分 E129度15分
❷ 奄美の原風景を残す島
❸ きび酢・黒糖

77.39㎢

p.120

☐ 請《うけ》島《しま》
瀬戸内町
❶ N28度2分 E129度14分
❷ 固有の動植物が生息
❸ ウケユリ・牛

13.34㎢

p.198

鹿児島県

□沖《おきの》永《え》良《ら》部《ぶ》島《じま》
和泊町／知名町

93.65㎢
p.122
❶N27度22分 E128度35分
❷鍾乳洞と花卉栽培の島
❸キク・エラブユリ

□与《よ》論《ろん》島《じま》
与論町

20.49㎢
p.124
❶N27度3分 E128度26分
❷海と浜の美しさは格別
❸有泉(黒糖焼酎)・ヨロン焼

沖縄県

□伊《い》平《へ》屋《や》島《じま》
伊平屋村

20.66㎢
p.166
❶N27度3分 E127度59分
❷天岩戸伝説のクマヤ洞窟
❸モズク・黒糖・伊平屋米

□伊《い》是《ぜ》名《な》島《じま》
伊是名村

14.16㎢
p.82
❶N26度56分 E127度56分
❷神話や王統伝説が残る島
❸モズク・サンゴの石垣

□古《こ》宇《う》利《り》島《じま》
今帰仁村

3.12㎢
p.167
❶N26度42分 E128度1分
❷琉球・国生み伝説のある島
❸サトウキビ・アロエ・ウニ

□久《く》高《だか》島《じま》
南城市

1.37㎢
p.168
❶N26度10分 E127度54分
❷多くの御嶽がある神の島
❸イラブー(ウミヘビ)

□南《みなみ》大《だい》東《とう》島《じま》
南大東村

30.57㎢
p.102
❶N25度51分 E131度14分
❷絶海にある隆起環礁の島
❸サトウキビ・ラム酒

沖縄県

□座《ざ》間《ま》味《み》島《じま》
座間味村

6.66㎢
p.42
❶N26度14分 E127度18分
❷海中は国内屈指の美しさ
❸ダイビング・クジラ観察

□久《く》米《め》島《じま》
久米島町

58.94㎢
p.126
❶N26度21分 E126度46分
❷美しいビーチと奇岩の島
❸久米島紬・泡盛

□宮《みや》古《こ》島《じま》
宮古島市

159.05㎢
p.128
❶N24度45分 E125度19分
❷美しい岬をもつ楽園の島
❸マンゴー・サトウキビ

□大《おお》神《がみ》島《じま》
宮古島市

0.24㎢
p.170
❶N24度55分 E125度18分
❷祖神祭を行う神秘の島
❸神宿る岩礁

□伊《い》良《ら》部《ぶ》島《じま》
宮古島市

29.05㎢
p.154
❶N24度50分 E125度11分
❷遠洋漁業が盛んな島
❸カツオのなまり節

□水《みん》納《な》島《じま》
多良間村

2.15㎢
p.44
❶N24度45分 E124度42分
❷1世帯と牛が暮らす島
❸モンパノキ・牛

□石《いし》垣《がき》島《じま》
石垣市

222.54㎢
p.100
❶N24度24分 E124度12分
❷南国・八重山諸島の主島
❸石垣牛・パイナップル

沖縄県

□竹《たけ》富《とみ》島《じま》
竹富町

5.42㎢
p.130
❶N24度20分 E124度5分
❷琉球伝統民家の集落景観
❸クルマエビ・ピパーチ

□黒《くろ》島《しま》
竹富町

10.05㎢
p.132
❶N24度14分 E124度1分
❷全島が牛の放牧場のよう
❸牛

□新城島《あらぐすくじま》(上地島)
竹富町

1.76㎢
p.199
❶N24度14分 E123度57分
❷静けさに包まれた秘島
❸美しい浜

□西表島《いりおもてじま》
竹富町

289.27㎢
p.46
❶N24度20分 E123度49分
❷密林とマングローブの島
❸イリオモテヤマネコ

□鳩《はと》間《ま》島《じま》
竹富町

0.96㎢
p.136
❶N24度28分 E123度49分
❷美しい浜辺と瑠璃色の海
❸鳩間島音楽祭・ヤシガニ

□波《は》照《てる》間《ま》島《じま》
竹富町

12.77㎢
p.134
❶N24度4分 E123度47分
❷日本最南端の有人島
❸泡波(泡盛)・黒糖

□与《よ》那《な》国《ぐに》島《じま》
与那国町

28.84㎢
p.200
❶N24度27分 E122度59分
❷台湾も見える国境の島
❸花酒(60度の泡盛)

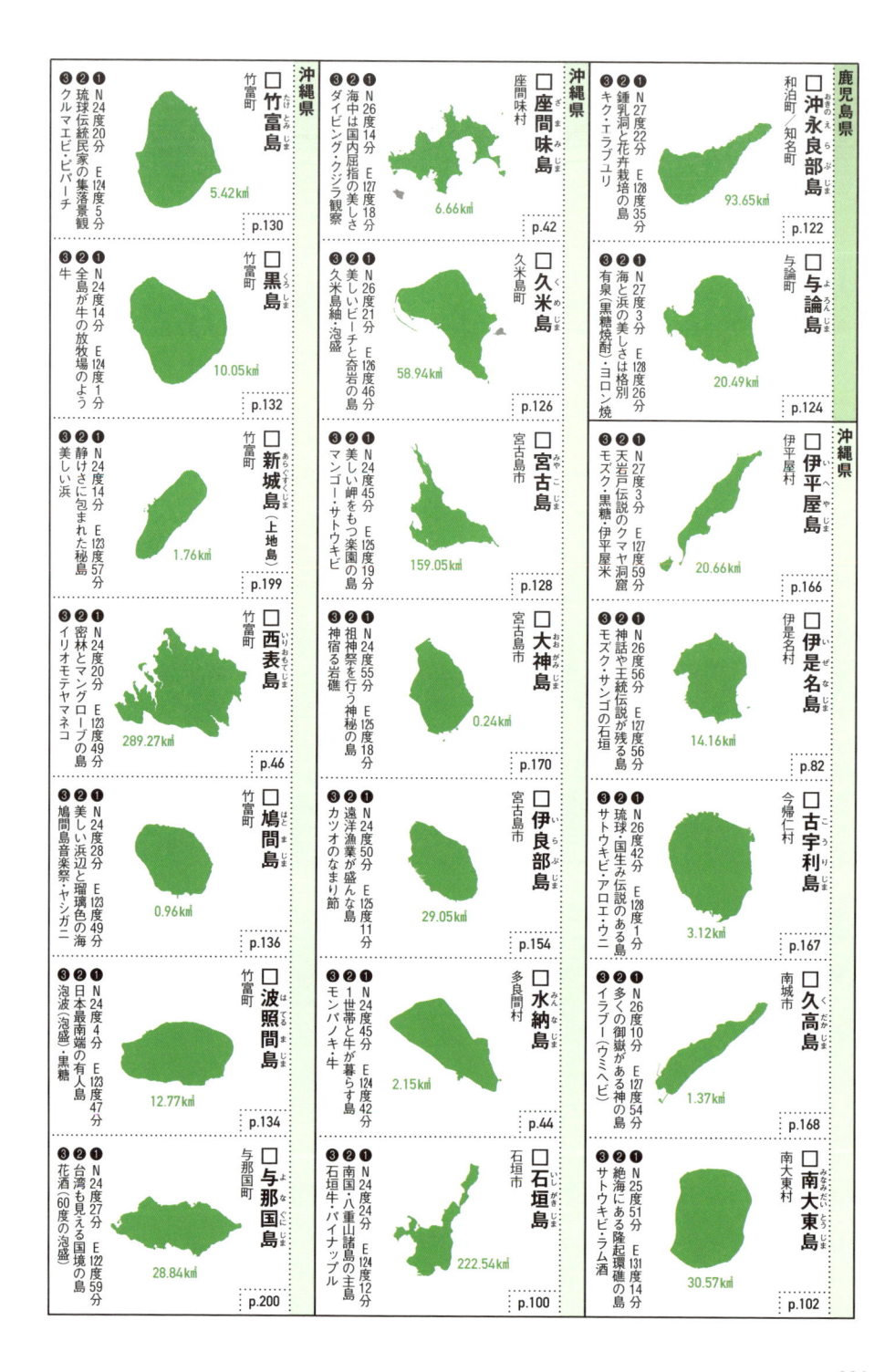

日本百名島の旅　さくいん

あ

あおがしま／青ヶ島（東京都）……174
あくせきじま／悪石島（鹿児島県）……192
あっけしこじま／厚岸小島（北海道）……172
あまみおおしま／奄美大島（鹿児島県）……38
あらぐすくじま／新城島（沖縄県）……199
あわしま／粟島（新潟県）……86
いおうじま／硫黄島（鹿児島県）……188
いきつきじま／生月島（長崎県）……117
いきのしま／壱岐島（長崎県）……68
いくちじま／生口島（広島県）……64
いしがきじま／石垣島（沖縄県）……100
いずおおしま／伊豆大島（東京都）……16
いぜなじま／伊是名島（沖縄県）……82
いつくしま／厳島（広島県）……163
いぬじま／犬島（岡山県）……58
いへやじま／伊平屋島（沖縄県）……166
いらぶじま／伊良部島（沖縄県）……154
いりおもてじま／西表島（沖縄県）……46
いわいしま／祝島（山口県）……67
うけしま／請島（鹿児島県）……198
うにしま／海栗島（長崎県）……184
おおがみじま／大神島（沖縄県）……170
おおさきしもじま／大崎下島（広島県）……62
おおみしま／大三島（愛媛県）……162
おきしま／沖島（滋賀県）……178
おきどうご／隠岐島後（島根県）……164
おきのえらぶじま／沖永良部島（鹿児島県）……122
おきのしま／沖の島（高知県）……114
おくしりとう／奥尻島（北海道）……156
おしま／小島（愛媛県）……148
おろのしま／小呂島（福岡県）……182

か

かけろまじま／加計呂麻島（鹿児島県）……120
かみこしきじま／上甑島（鹿児島県）……118
かみしま／神島（三重県）……90
きたぎしま／北木島（岡山県）……142
きんかさん／金華山（宮城県）……158
くだかじま／久高島（沖縄県）……168
くちのえらぶじま／口永良部島（鹿児島県）……190
くめじま／久米島（沖縄県）……126
くろしま／黒島（沖縄県）……132
こうりじま／古宇利島（沖縄県）……167

さ

さくしま／佐久島（愛知県）……140
さどがしま／佐渡島（新潟県）……50
ざまみじま／座間味島（沖縄県）……42
しきねじま／式根島（東京都）……108
しのじま／篠島（愛知県）……88
しもかまがりじま／下蒲刈島（広島県）……147
しょうどしま／小豆島（香川県）……92
しらいしじま／白石島（岡山県）……59
しわくほんじま／塩飽本島（香川県）……60

た

だいこんじま／大根島（島根県）……112
たかしま／高島（長崎県）……152
たからじま／宝島（鹿児島県）……196
たけとみじま／竹富島（沖縄県）……130
たねがしま／種子島（鹿児島県）……80
ちちじま／父島（東京都）……24
ちぶりじま／知夫里島（島根県）……30
つしまじま／対馬島（長崎県）……70
つのしま／角島（山口県）……116
てうりとう／天売島（北海道）……14
てばじま／出羽島（徳島県）……113
とうしじま／答志島（三重県）……56
とびしま／飛島（山形県）……106

な

なおしま／直島（香川県）……144
なかどおりじま／中通島（長崎県）……74
なかのしま／中之島（鹿児島県）……36
にいじま／新島（東京都）……18
にえもんじま／仁右衛門島（千葉県）……139
にしのしま／西ノ島（島根県）……28
のこのしま／能古島（福岡県）……150

は

はしま／端島（長崎県）……185
はちじょうじま／八丈島（東京都）……22
はつしま／初島（静岡県）……159
はてるまじま／波照間島（沖縄県）……134
はとまじま／鳩間島（沖縄県）……136
ははじま／母島（東京都）……26
ひさかじま／久賀島（長崎県）……76
ひぶりじま／日振島（愛媛県）……66
ひまかじま／日間賀島（愛知県）……110
ふくえじま／福江島（長崎県）……78
ふたおいじま／蓋井島（山口県）……180
へぐらじま／舳倉島（石川県）……54
ぼうぜじま／坊勢島（兵庫県）……160
ほおじま／朴島（宮城県）……138
ほとじま／保戸島（大分県）……99

ま

まなべじま／真鍋島（岡山県）……143
みくらじま／御蔵島（東京都）……20
みしま／見島（山口県）……98
みなみだいとうじま／南大東島（沖縄県）……102
みやこじま／宮古島（沖縄県）……128
みんなじま／水納島（沖縄県）……44
むつれじま／六連島（山口県）……149
めぎじま／女木島（香川県）……146

や

やぎしりとう／焼尻島（北海道）……84
やくしま／屋久島（鹿児島県）……32
ゆげじま／弓削島（愛媛県）……96
よなぐにじま／与那国島（沖縄県）……200
よろんじま／与論島（鹿児島県）……124

ら

りしりとう／利尻島（北海道）……12
れぶんとう／礼文島（北海道）……8

加藤庸二　Kato Yoji

フォトグラファー&エッセイスト。とりわけ日本の島を歩く“島スペシャリスト”として雑誌、新聞、単行本などで数多く作品を発表。ラジオ番組のゲスト出演やトークのほか、島講座の講師、島アドバイザーとしても活動中の“島大好き人間”。東京都出身。

ブックデザイン
HOSOYAMADA DESIGN OFFICE
（細山田光宣・天池聖）

地図製作
（株）ジェオ

日《に》本《ほん》百《ひゃく》名《めい》島《とう》の旅《たび》

一度は行きたい100の島々

2013年7月5日　初版第1刷発行
2013年9月20日 初版第2刷発行

著　者 加藤庸二

発行者 村山秀夫

発行所 実業之日本社
〒104-8233
東京都中央区京橋3-7-5 京橋スクエア
電話　03-3535-5411（編集）
03-3535-4441（販売）
ホームページ　http://www.j-n.co.jp/

印刷所 大日本印刷（株）

製本所（株）ブックアート

ISBN978-4-408-00848-6（BG）

本書の地図の作成にあたっては、DAN杉本氏作の地図ナビゲータ『カシミール3D』（Windows対応）を使用しました。カシミール3Dの情報については、http://www.kashmir3d.com/を参照してください。